본격
북유럽 신화 만화

편집자 일러두기

1. 본문 내 각주는 모두 저자 주입니다.
2. 저자의 문체와 재미를 살리기 위해 의도적으로 맞춤법을 따르지 않은 부분이 있습니다.
3. 처음 등장하는 고유명사(지명, 인명 등)는 작은 따옴표를 넣고 굵게 표시하였습니다.

본격
북유럽 신화 만화
1
동굴트롤

작가의 말

안녕하세요! 작가 동굴트롤입니다.

단행본을 구매해주셔서 감사합니다. 독자 여러분 덕에 제가 출판을 하는 날이 오게 되네요. 감개무량합니다.

북유럽 신화는 제가 가장 좋아하는 신화입니다. 이렇게 좋아하게 된 계기는 어릴 적 본 『만화로 보는 북유럽 신화』 덕분인데요, 당시 압도적 원탑이었던 『만화로 보는 그리스 로마 신화』보다도 저는 이쪽이 더 취향이었습니다. 특유의 정적적인 판타지스러운 느낌도 좋고, 메이저가 아니란 사실이 소년 동굴트롤의 힙스터 감성을 자극했거든요. 사실 어머니가 권수가 적은 북유럽 만화만 대여섯 권 사주셨기 때문이라는 현실적 이유가 가장 큽니다.

아무튼, 이렇게 좋아하는 토픽이라, 막연하게 북유럽 신화를 언젠간 다뤄봐야지— 하고 있었는데 생각보다 기회가 빨리 찾아왔습니다. 연재처를 제공해 주신 이만배와 출판을 맡아주신 비아북에 감사할 따름.

그나마 최근엔 MCU와 『갓 오브 워』 덕에 한국에서도 북유럽 신화에 대한 인지도가 어느 정도 높아지긴 했지만, 원전을 아는 분은 잘 없는 편이죠. 로키가 토르 동생이라고 아는 사람이 태반일 정도니까요. 그래서 이 만화에선 최대한 원전의 내용을 많이 따라가려고 나름대로 애썼습니다. 다만 어디까지나 나름대로 애썼을 뿐, 저도 여기저기 MSG를 첨가했지요. 그러니 제 만화의 내용=원전이라고 보진 말아주세요. 원전인 『에다』(와 다른 문헌)의 번역본을 제외하면 100% 확률로 작가의 재해석과 창작이 들어간 2차 창작 비스무

리한 것이지, '다른 판본'이 아녀유. 특히 나무위키에는 원전 그대로의 내용을 두고 역으로 재창작인 것처럼 "이러이러하게 알려진 경우도 있다"라고 언급하는 경우가 많습니다. 참고하세용.

뭐, 사실, 만화에도 언급한 것처럼 흥미 위주로 보실 거면 아무런 상관없습니다. 재밌으면 그만이죠, 안 그런가요? 그러니 너무 신경쓰지 마시고 재밌게 읽어주시면 감사하겠습니다! 출출할 때 라면 먹으면서 한 번씩 읽어주세요. 제가 어릴 적에 교양 만화들 그렇게 많이 읽었거든요 ㅎㅎ

마지막으로, 이번에 출판을 준비하면서 자잘한 대사 위치나 서식 조정 등으로 메모를 수백 개씩 달아가며 수정을 요청드렸는데, 다 처리해주신 비아북 담당자분들께 다시 한번 감사드립니다.

그럼 좋은 하루 보내시길, 봐주셔서 감삼다!

동굴트롤 올림

차례

	작가의 말	4
개 요	북유럽 신화란?	9
제 1 장	천지창조	19
제 2 장	낮과 밤, 해와 달	33
제 3 장	아홉 세계	39
제 4 장	세계수 위그드라실	45
제 5 장	오딘, 만물의 아버지	59
제 6 장	토르, 천둥의 신	81
제 7 장	프레야, 아름다운 풍요의 여신	95
제 8 장	프레이, 고귀한 풍요의 신	105
제 9 장	다른 신들	111
제10장	로키, 교활하고 사악한 신	125
제11장	신들의 전쟁	135
제12장	시의 꿀술	145
제13장	신들의 보물	163
제14장	아스가르드 성벽 짓기	177

제15장	헤임달과 인간의 계급	187
제16장	오딘의 지혜 겨루기	197
제17장	토르와 게이뢰드	207
제18장	도둑맞은 황금 사과	221
제19장	스카디의 결혼	231
제20장	토르와 난쟁이 알비스	241
제21장	로키의 세 아이	247
제22장	프리그와 랑고바르드족	261
제23장	프레야와 힌들라	267
제24장	토르의 우트가르드 여행	273

1권 장별 참고문헌   314

안녕! 시작해볼까?

개요

북유럽 신화란?

[1] J. Lindow, *Norse Mythology: A Guide to the Gods, Heroes, Rituals, and Beliefs*: pg. 36

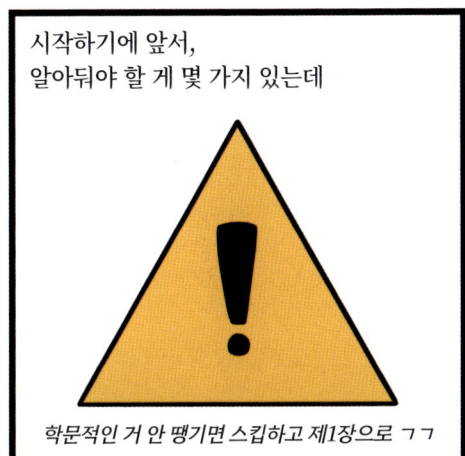

2 J. Lindow, *Norse Mythology: A Guide to the Gods, Heroes, Rituals, and Beliefs*: pgs. 11, 12

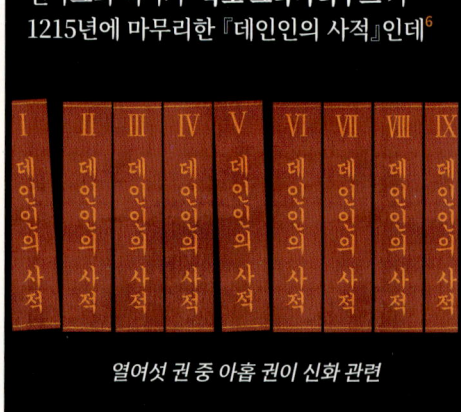

[3] H. R. Ellis Davidson, *Gods and Myths of Northern Europe*: pg. 14
[4] E. O. G. Turville-Petre, *Myth and Religion of the Norths*: pg. 8
[5] E. O. G. Turville-Petre, *Myth and Religion of the Norths*: pg. 21

6 E. O. G. Turville-Petre, *Myth and Religion of the Norths*: pg. 27
7 H. R. Ellis Davidson, *Gods and Myths of Northern Europe*: pg. 23

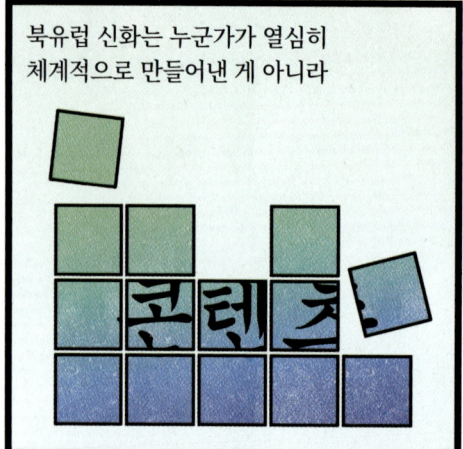

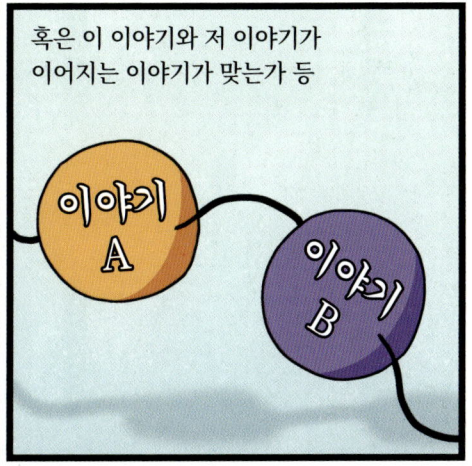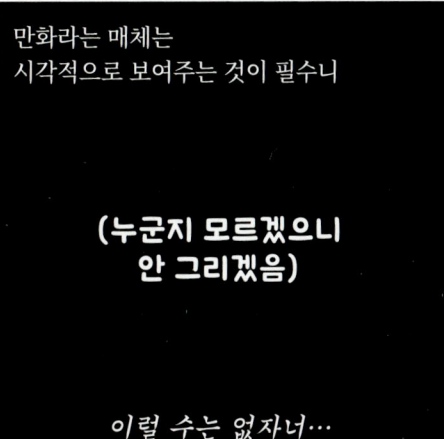

제1장

천지창조

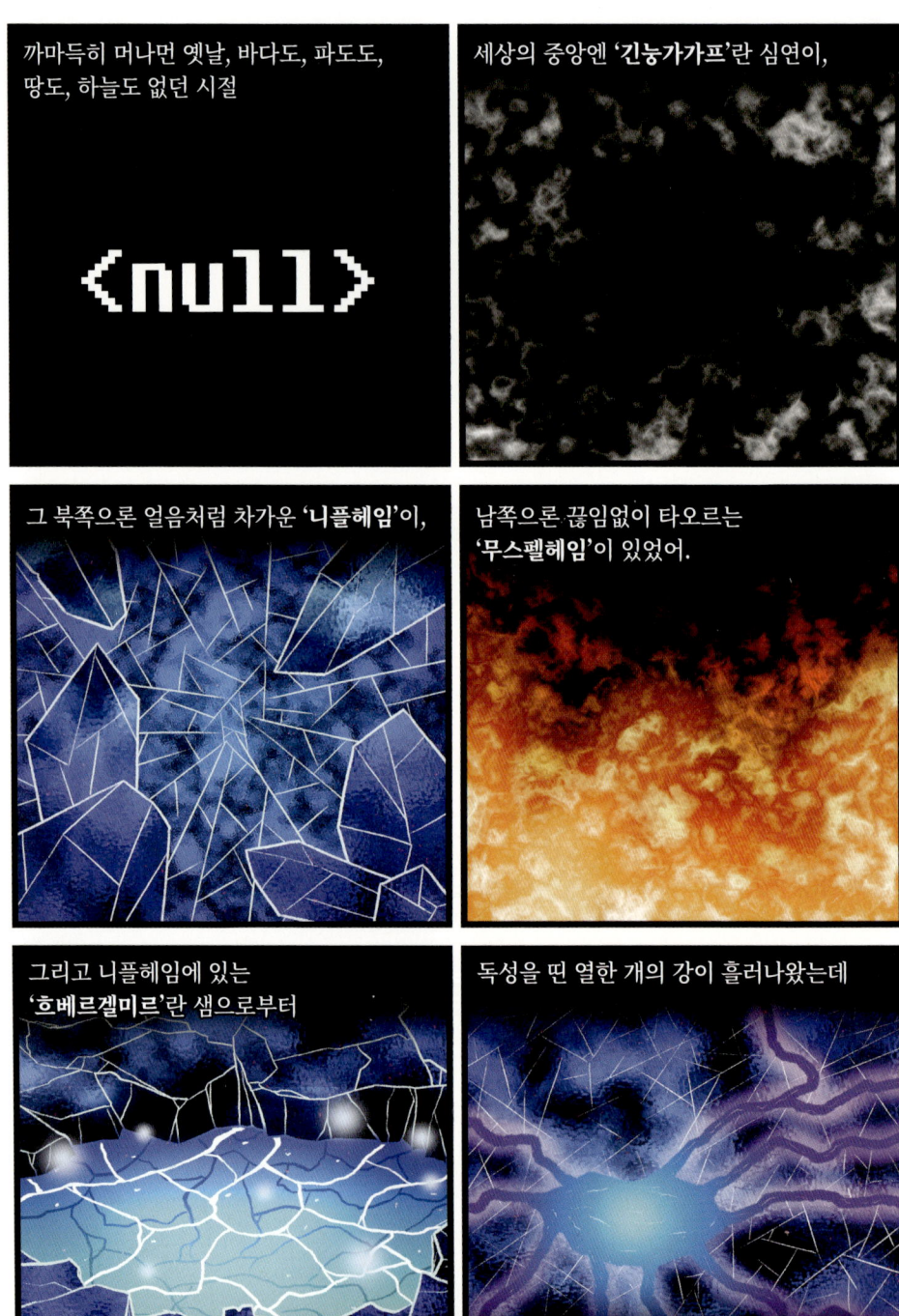

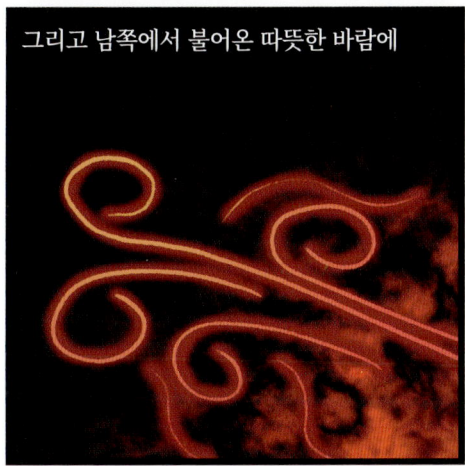

1 (젖으로) 가득 찬 뿔 없는 암소(the hornless cow with lots of (milk))

[2] L. Motz, *Giants in Folklore and Mythology - A New Approach*

3 R. Simek, *Dictionary of Northern Mythology*. pg. 107

4 H. R. Ellis Davidson, *Gods and Myths of Northern Europe*: pg. 199

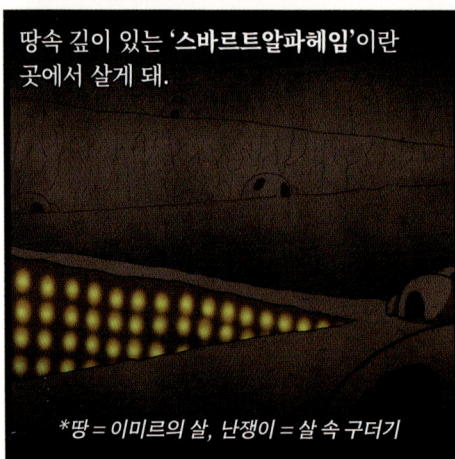

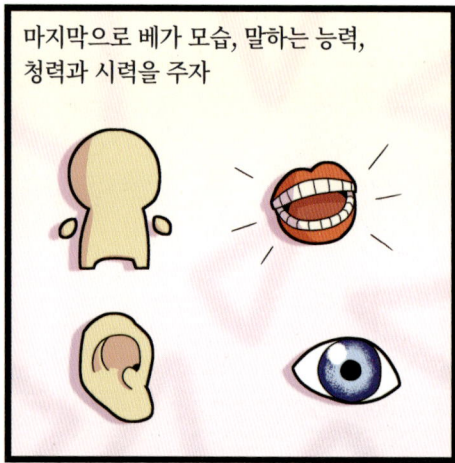

5 J. Lindow, *Norse Mythology: A Guide to the Gods, Heroes, Rituals, and Beliefs*: pg. 63

6 중앙에 있는 거주지(Dwelling Place in the Middle)
7 신들의 거주지(Home of the Gods)

Q. 뿔 없는 암소라더니?

A: 머리띠잉!

제2장

낮과 밤, 해와 달

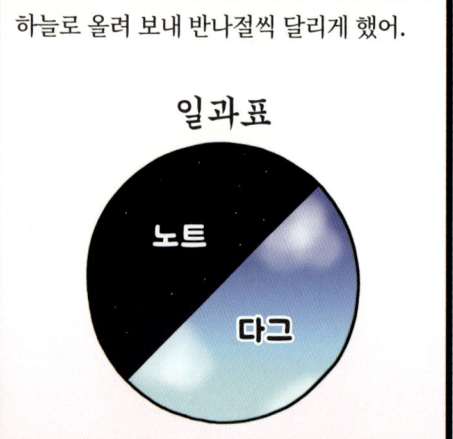

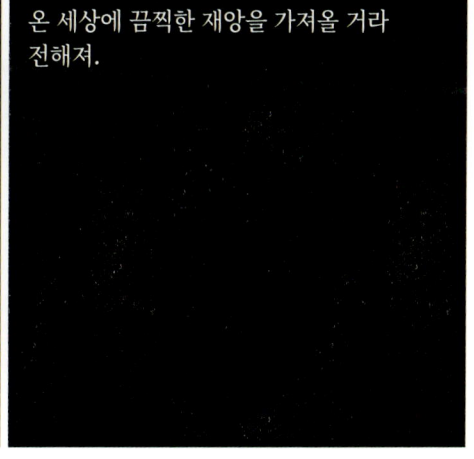

해를 두고
"무언가에 쫓기듯 빠르게 움직인다"는 건
한국인 입장에선
잘 이해가 안 되는 얘기인데,

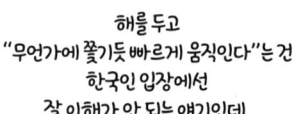

아마 스칸디나비아 같은
고위도 지역은 특정 시기에
낮이 엄청 짧아서
그런 게 아닐까 싶네…

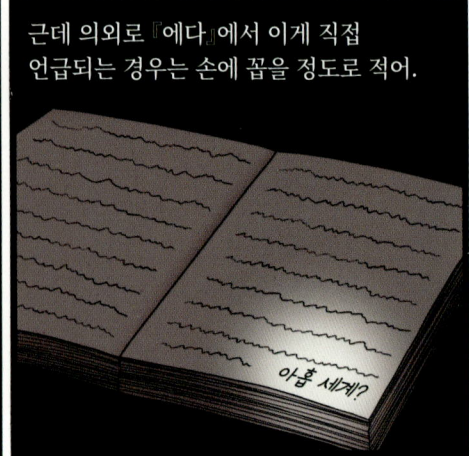

[1] R. Simek, *Dictionary of Northern Mythology*: pg. 3

2 E. O. G. Turville-Petre, *Myth and Religion of the Norths*: pg. 194

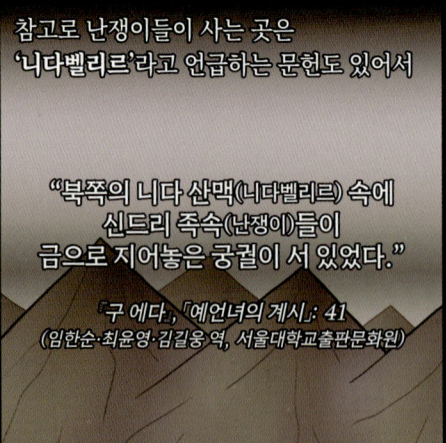

3 E. O. G. *Turville-Petre, Myth and Religion of the Norths*: pg. 235

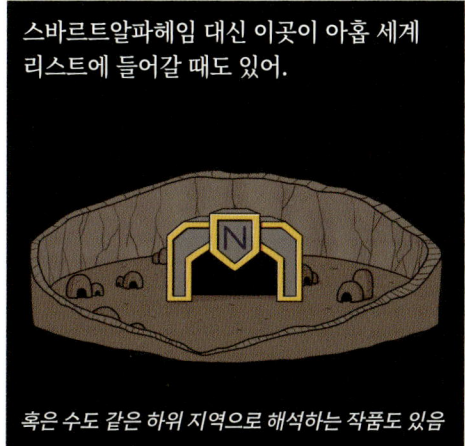

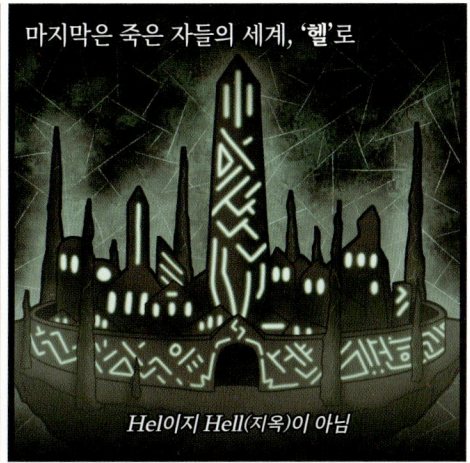

[4] R. Simek, *Dictionary of Northern Mythology*: pg. 137

제4장 세계수 위그드라실

이번엔 아홉 세계를 이어주는 물푸레나무, 세계수 '**위그드라실**'에 대해 얘기해보자.

위그드라실은 '위그의 말'이란 뜻으로 자주 해석되는데,

위그는 170개가 넘는 오딘의 호칭들[1] 중 하나니

그리미르 강글레리 헤리안 히얄름베리 헤크르 트리디 투드르 우드르 헬블린디 하르 사드르 스비팔 산게탈 헤르레이트르 니카리 빌레이그르 발레이그르 빌베르크 욀니르 그리무르 그랍스비드르 시드회트 그파터 호니쿠드르 위그 알파터 발파터 아트리드르 파르마티르 그림니르 얄크르 얄라 트로르 비두르 오스키 오미 야플하 비플린디 귄드리드 하르바르드 스비두르 스비드니르 툰드르 바크르 스킬빙거 바폰드르 흐로타티르 가우트르 얄크르

즉 '오딘의 말'이란 의미야.[2]

실제로 타고 다니는 말은 또 따로 있음

다만 말이라는 단어를 문자 그대로 받아들이는 건 잘못된 해석일지도 몰라.

왜 그런지는 바로 다음 장인 「오딘, 만물의 아버지」 편에서 설명할게

---

[1] E. O. G. Turville-Petre, *Myth and Religion of the Norths*: pg. 62
[2] J. Lindow, *Norse Mythology: A Guide to the Gods, Heroes, Rituals, and Beliefs*: pg. 321

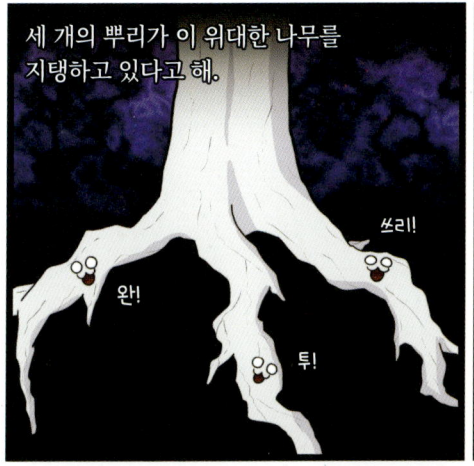

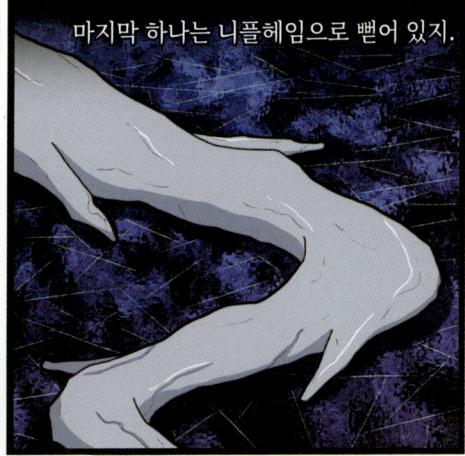

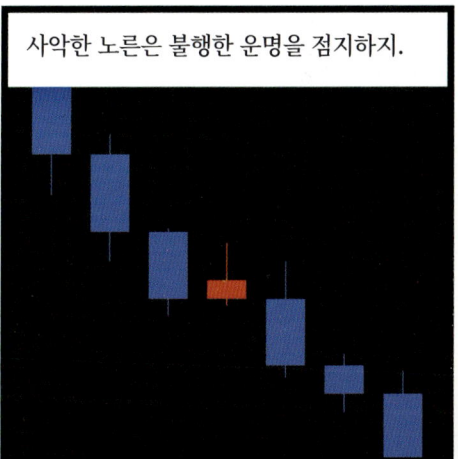

평소엔 뿌리를 갉아 먹으며 위그드라실을 죽이고 있거든.

그 옆의 뱀들 역시 나무를 해치고 있고.

저승세계 니플헤임을 벗어나 나무를 타고 위로 쭉 올라가면

이름 없는 수리 한 마리가 가지 위에서 살며

그 눈 사이에 '베드르푈니르'라는 매가 앉아 있어.

이 수리는 왠진 몰라도 니드회그와 사이가 안 좋아.

4 H. R. Ellis Davidson, *Gods and Myths of Northern Europe*: pg. 190

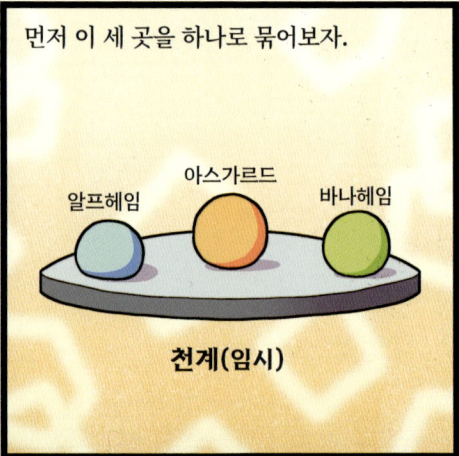

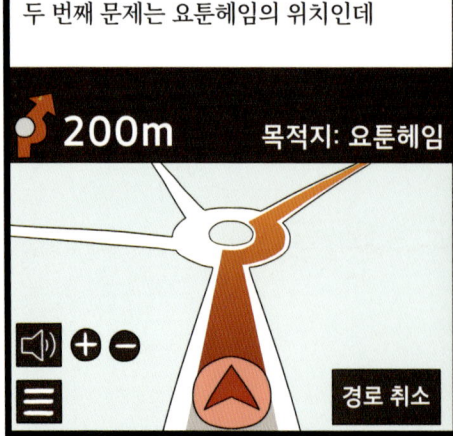

5 R. Simek, *Dictionary of Northern Mythology*: pg. 242
6 E. O. G. Turville-Petre, *Myth and Religion of the Norths*: pg. 156

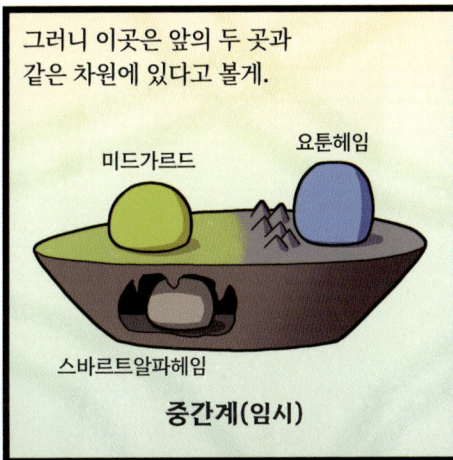

7 다만 후대로 갈수록 묘사가 동쪽에서 북쪽으로 옮겨짐(R. Simek, *Dictionary of Northern Mythology*: pg. 180)

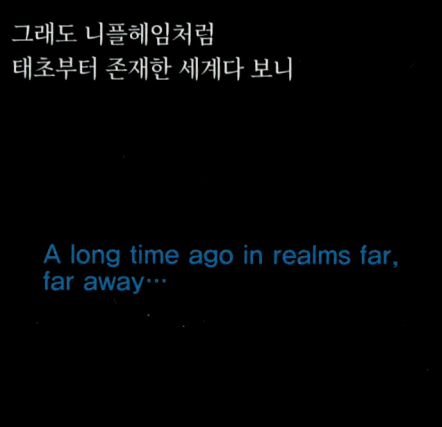

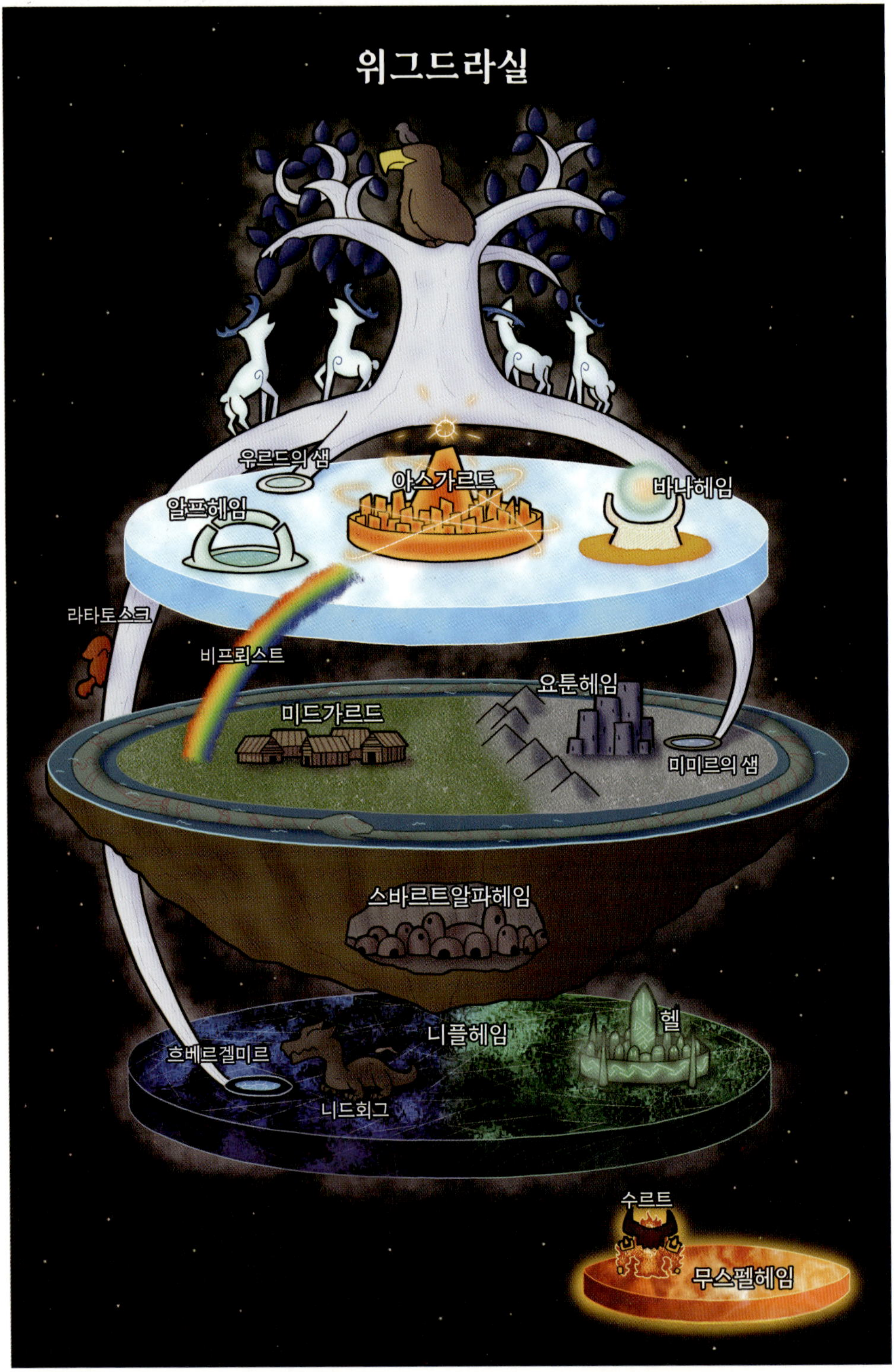
위그드라실
우르드의 샘
아스가르드
바나헤임
알프헤임
라타토스크
비프리스트
요툰헤임
미드가르드
미미르의 샘
스바르트알파헤임
헬
니플헤임
흐베르겔미르
니드회그
수르트
무스펠헤임

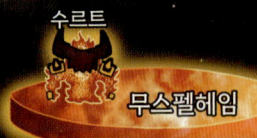

제5장

오딘, 만물의 아버지

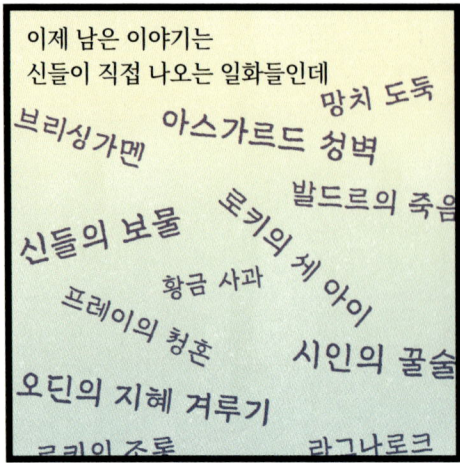

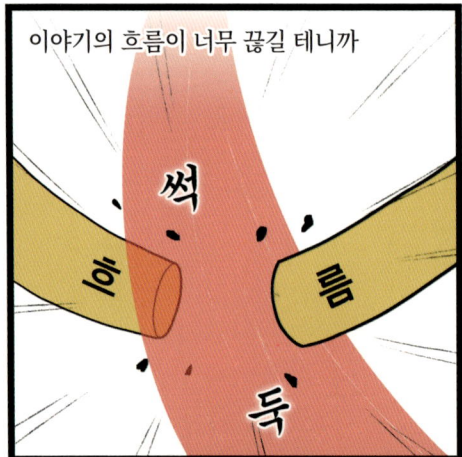

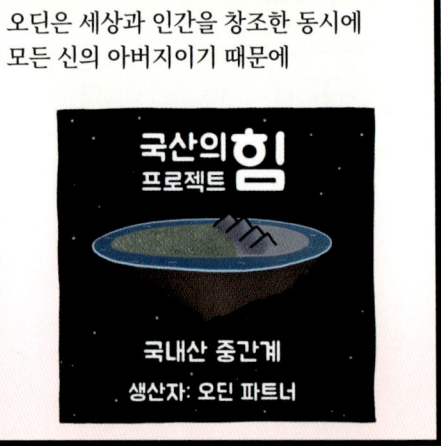

1 E. O. G. Turville-Petre, *Myth and Religion of the Norths*: pg. 35

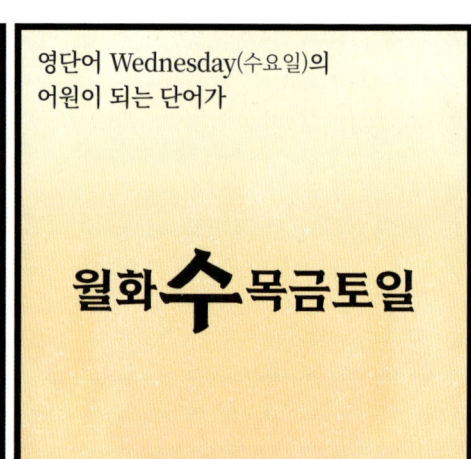
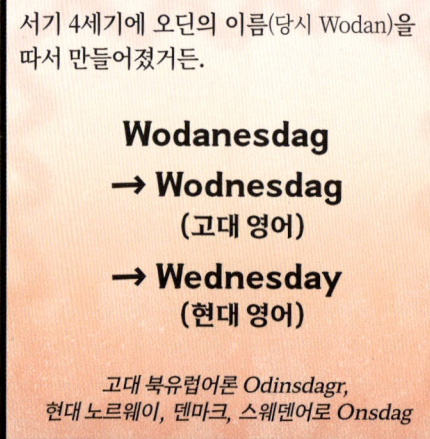

2 R. Simek, *Dictionary of Northern Mythology*: pg. 243

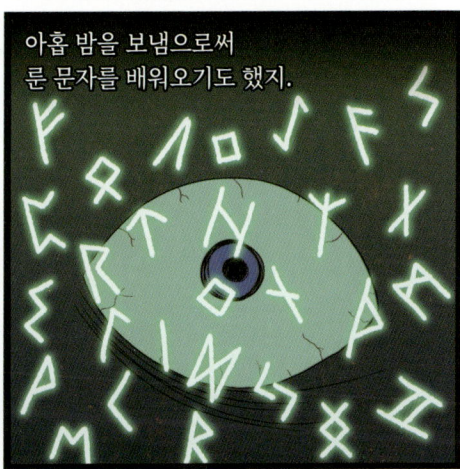

3 E. O. G. Turville-Petre, *Myth and Religion of the Norths*: pg. 48

4 H. R. Ellis Davidson, *Gods and Myths of Northern Europe*: pg. 144

5 E. O. G. Turville-Petre, *Myth and Religion of the Norths*: pg. 50

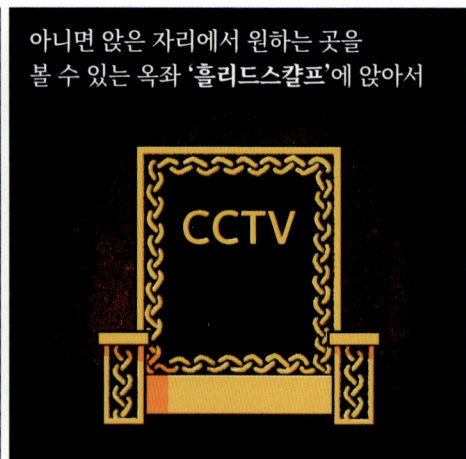

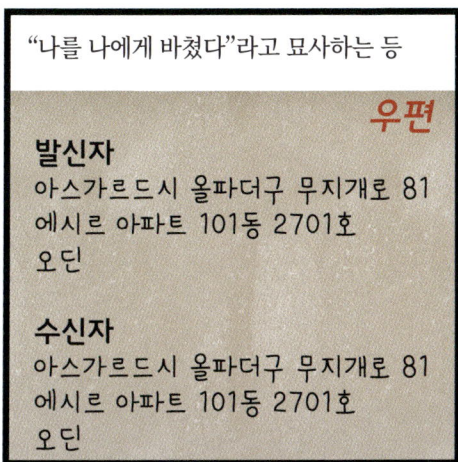

6 R. Simek, *Dictionary of Northern Mythology*: pg. 124
7 H. R. Ellis Davidson, *Gods and Myths of Northern Europe*: pg. 51

8 E. O. G. Turville-Petre, *Myth and Religion of the Norths*: pg. 46
9 H. R. Ellis Davidson, *Gods and Myths of Northern Europe*: pg. 142

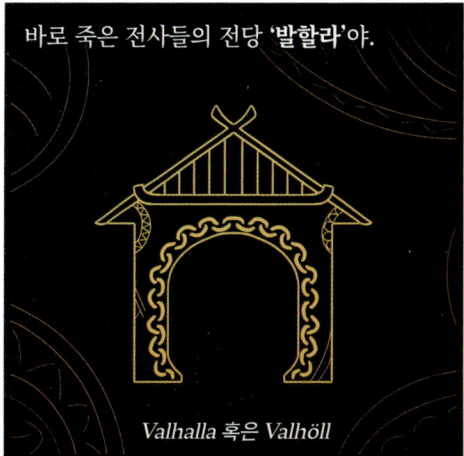

10 E. O. G. Turville-Petre, *Myth and Religion of the Norths*: pg. 57

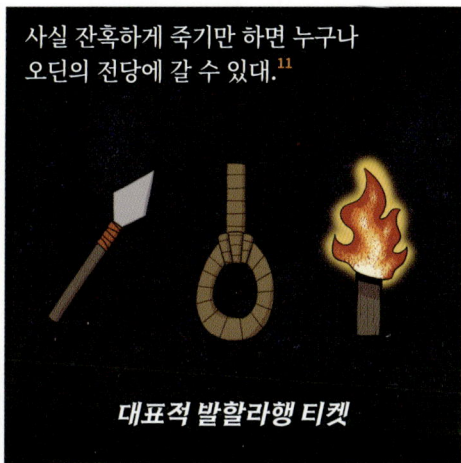

11 H. R. Ellis Davidson, *Gods and Myths of Northern Europe*: pg. 149
12 H. R. Ellis Davidson, *Gods and Myths of Northern Europe*: pg. 150

13 H. R. Ellis Davidson, *Gods and Myths of Northern Europe*: pg. 48

그리고 당시 북유럽엔 신화 속에 직접 묘사된 사후세계 말고도

죽은 자들은 그냥 무덤에서 머문다는 믿음,[14]

혹은 죽음 뒤엔 아무것도 없으니

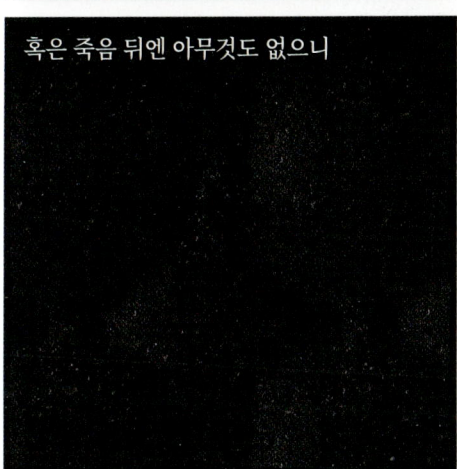

훌륭하게 살고 의미 있게 죽어 이름을 남겨야 한다는 믿음 등이 있었어.[15]

여기까지 가면 만화의 목적인 '신들의 이야기'에서 너무 멀어지니까 이쯤에서 돌아가자.

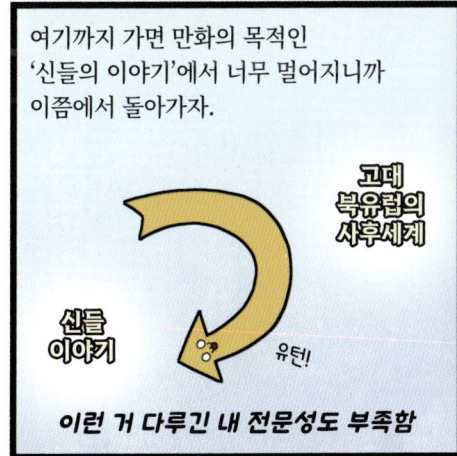

전사자와 이렇게 연이 깊은 만큼 오딘은 곧 '전쟁의 신'이기도 해.

[14] E. O. G. Turville-Petre, *Myth and Religion of the Norths*: pg. 269
[15] E. O. G. Turville-Petre, *Myth and Religion of the Norths*: pg. 274

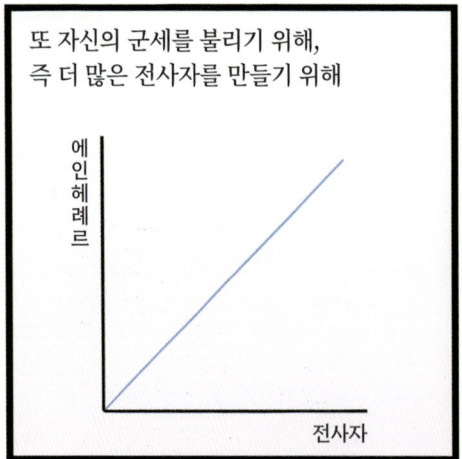

16 라스 브라운워스, 『바다의 늑대-바이킹의 역사』, 김홍옥 역 (에코리브르)

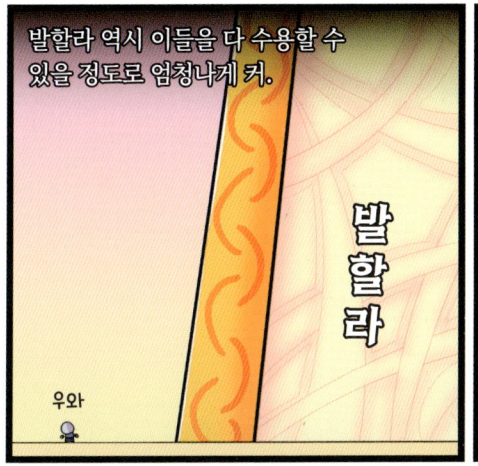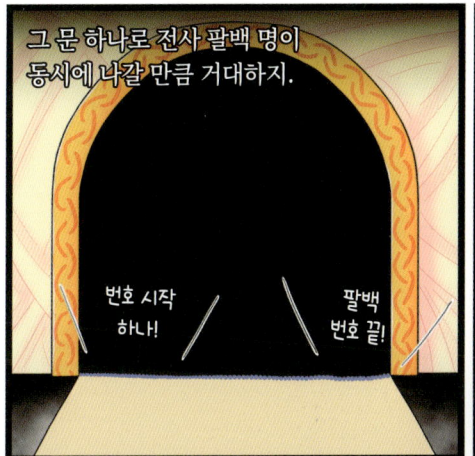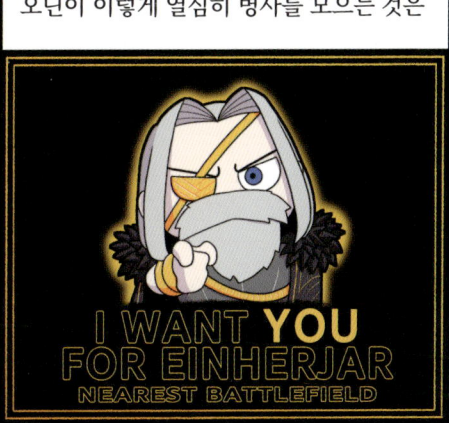

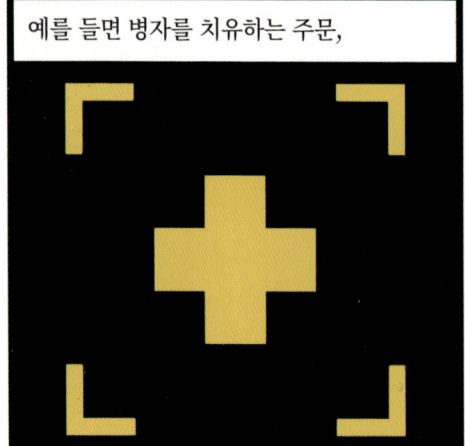

17 E. O. G. Turville-Petre, *Myth and Religion of the Norths*: pg. 65
18 H. R. Ellis Davidson, *Gods and Myths of Northern Europe*: pg. 121

19 H. R. Ellis Davidson, *Gods and Myths of Northern Europe*: pg. 72

20 E. O. G. Turville-Petre, *Myth and Religion of the Norths*: pg. 25
21 R. Simek, *Dictionary of Northern Mythology*: pg. 244
22 곰 가죽, Bear-Skin(shirt)

제6장

토르, 천둥의 신

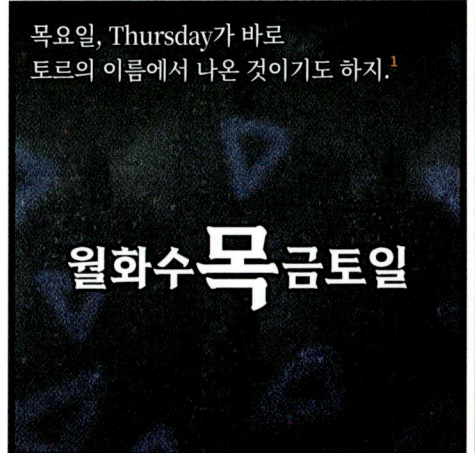

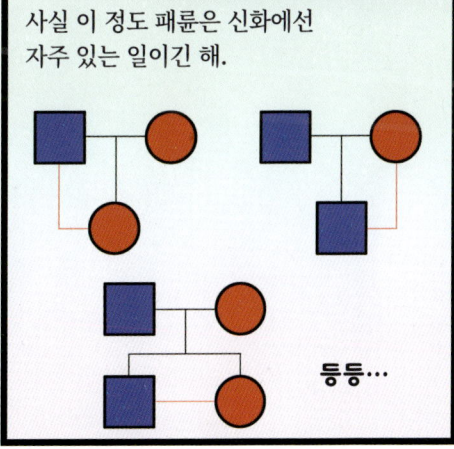

1 J. Lindow, *Norse Mythology: A Guide to the Gods, Heroes, Rituals, and Beliefs*: pg. 202

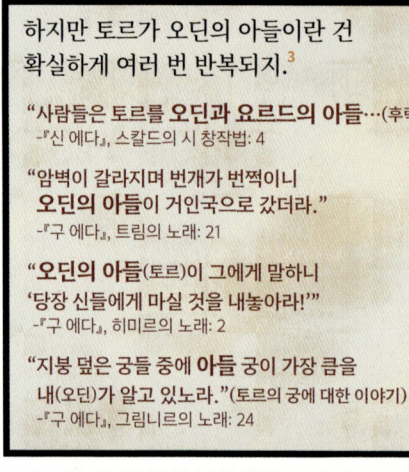

2 R. Simek, *Dictionary of Northern Mythology*: pg. 17
3 『구 에다』 한글 번역은 『에다』(임한순·최윤영·김길웅 역, 서울대학교출판문화원)에서, 『신 에다』 한글 번역은 『에다 이야기』(스노리 스툴루손 저, 이민용 역, 을유문화사)에서 발췌

4 E. O. G. Turville-Petre, *Myth and Religion of the Norths*: pg. 90
5 H. R. Ellis Davidson, *Gods and Myths of Northern Europe*: pg. 85
6 R. Simek, *Dictionary of Northern Mythology*: pg. 320

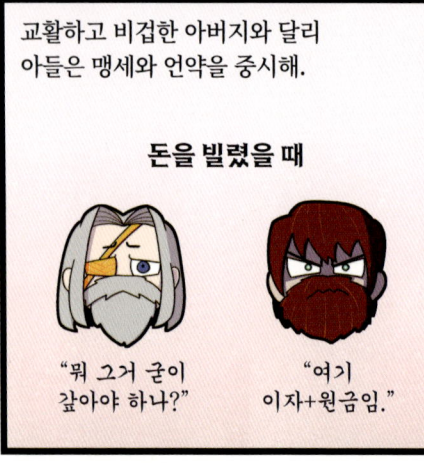

7 R. Simek, *Dictionary of Northern Mythology*: pg. 322

8 H. R. Ellis Davidson, *Gods and Myths of Northern Europe*: pgs. 158, 159
9 R. Simek, *Dictionary of Northern Mythology*: pg. 319

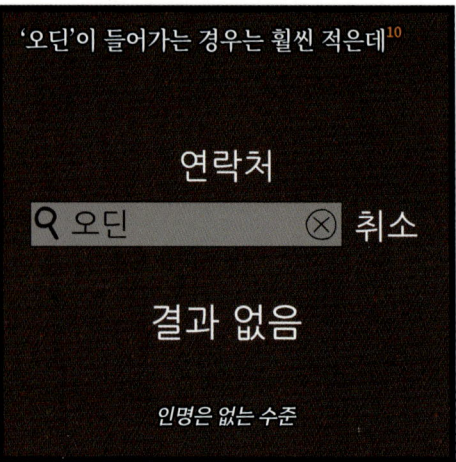

10 R. Simek, *Dictionary of Northern Mythology*: pg. 243, 321
11 E. O. G. Turville-Petre, *Myth and Religion of the Norths*: pg. 69

12 H. R. Ellis Davidson, *Gods and Myths of Northern Europe*: pg. 84
13 R. Simek, *Dictionary of Northern Mythology*: pg. 283

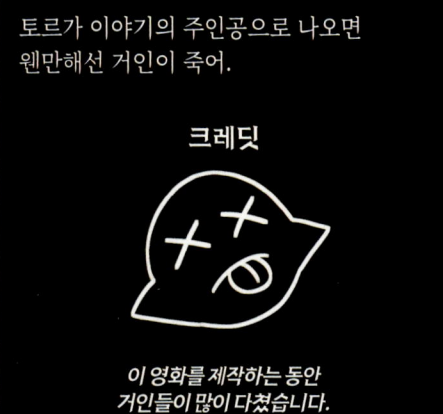

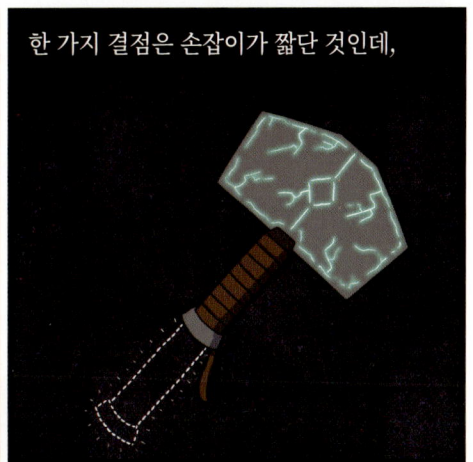

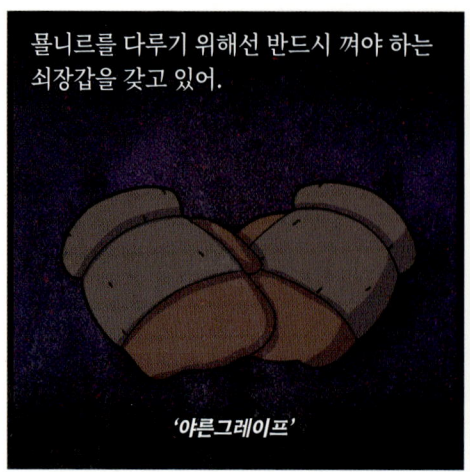

14 E. O. G. Turville-Petre, *Myth and Religion of the Norths*: pg. 83
15 H. R. Ellis Davidson, *Gods and Myths of Northern Europe*: pg. 80

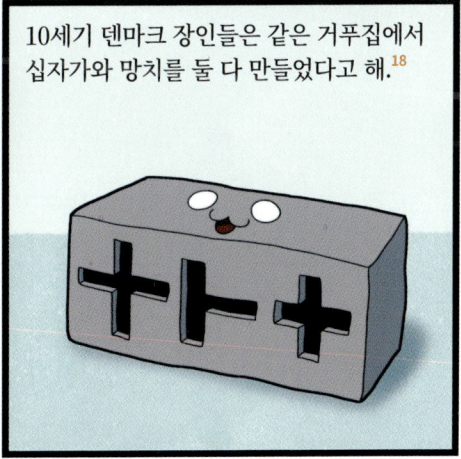

16 E. O. G. Turville-Petre, *Myth and Religion of the Norths*: pg. 81
17 R. Simek, *Dictionary of Northern Mythology*: pg. 320
18 스티븐 애슈비·앨리슨 레너드, 『대담하고 역동적인 바이킹』, 김지선 역(성안북스): pg. 166

제7장

프레야, 아름다운 풍요의 여신

1 E. O. G. Turville-Petre, *Myth and Religion of the Norths*: pg. 177

[2] Neil Price, *The Viking Way*: pgs. 178, 183

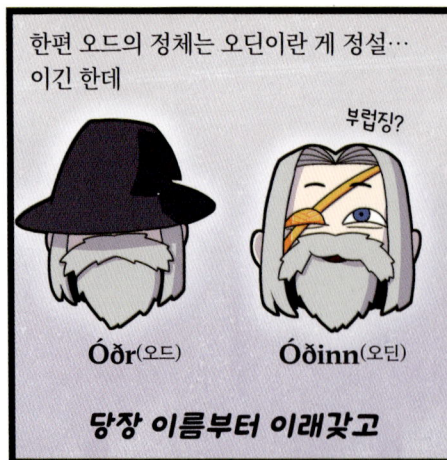

3 E. O. G. Turville-Petre, *Myth and Religion of the Norths*: pg. 178
4 R. Simek, *Dictionary of Northern Mythology*: pg. 250

5 Neil Price, *The Viking Way*: pg. 69

6 R. Simek, *Dictionary of Northern Mythology*: pg. 91
7 Ari Thorgilsson, *Islendingabok*: 7

제8장

프레이, 고귀한 풍요의 신

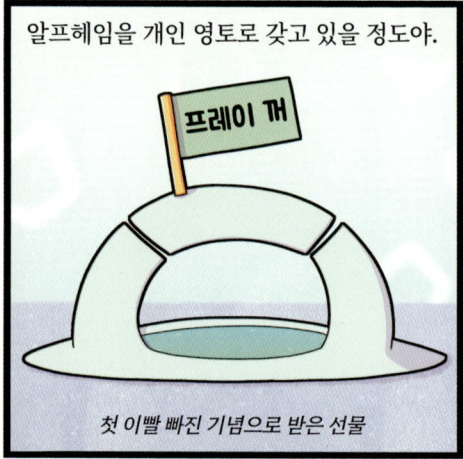

1 H. R. Ellis Davidson, *Gods and Myths of Northern Europe*: pg. 107

2 Adam of Bremen, *History of the Archbishops of Hamburg(Book 4)*: 26
3 S. Brink, *How Uniform Was the Old Norse Religion?*: pg. 109
4 R. Simek, *Dictionary of Northern Mythology*: pg. 92

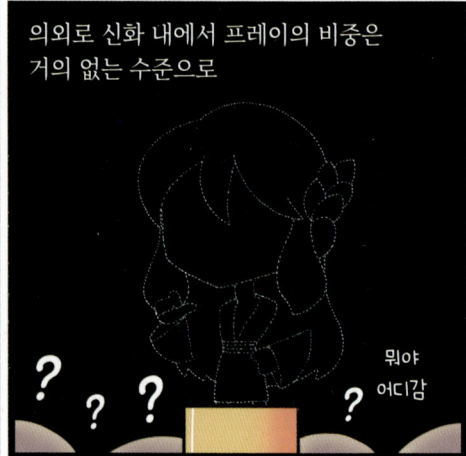

5 E. O. G. Turville-Petre, *Myth and Religion of the Norths*: pgs. 169, 177
6 Adam of Bremen, *History of the Archbishops of Hamburg(Book 4)*: 26
7 E. O. G. Turville-Petre, *Myth and Religion of the Norths*: pg. 173

제9장

다른 신들

[1] R. Simek, *Dictionary of Northern Mythology*: pg. 337

서기 1세기 로마 역사학자의 기록에 오딘, 토르와 나란히 언급되기도 하고

> 게르마니아족은 신들 가운데
> 메르쿠리우스(오딘)를 가장 숭배하며
> (중략)
> 헤르쿨레스(토르)와 마르스(티르)에게는
> 허용된 종류의 동물을 제물로 바쳐 호감을 산다.
>
> 타키투스(서기 55년경? ~ 117년경?),
> 『게르마니아』: 9
>
> 『게르마니아』(타키투스 저, 천병희 역, 도서출판 숲)

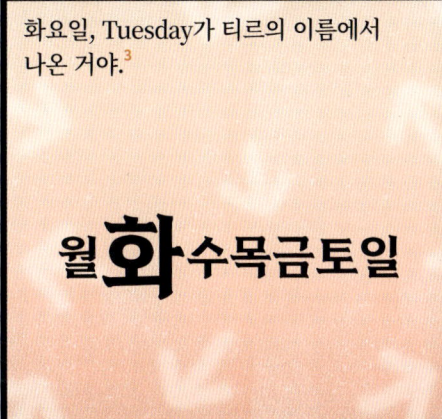

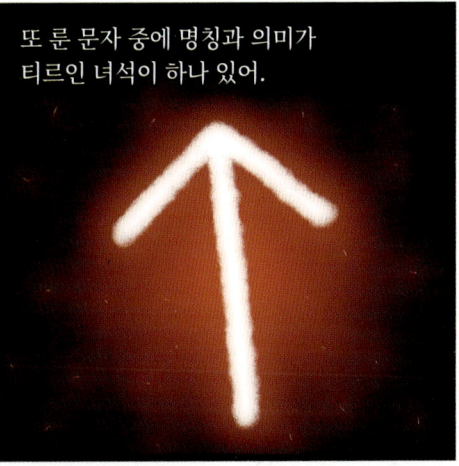

2 E. O. G. Turville-Petre, *Myth and Religion of the Norths*: pg. 180
3 J. Lindow, *Norse Mythology: A Guide to the Gods, Heroes, Rituals, and Beliefs*: pg. 299
4 S. Brink, *How Uniform Was the Old Norse Religion?*: pgs. 120, 125

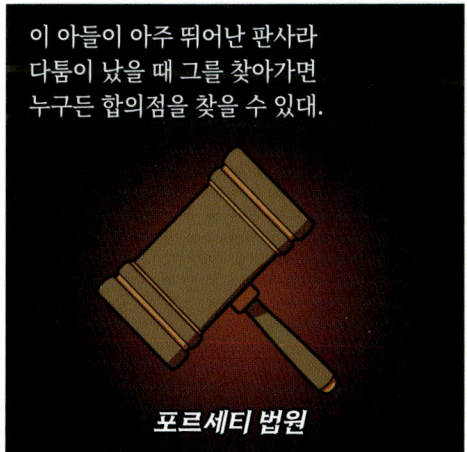

5 J. Lindow, *Norse Mythology: A Guide to the Gods, Heroes, Rituals, and Beliefs*: pg. 202

6 R. Simek, *Dictionary of Northern Mythology*: pg. 94
7 H. R. Ellis Davidson, *Gods and Myths of Northern Europe*: pg. 123

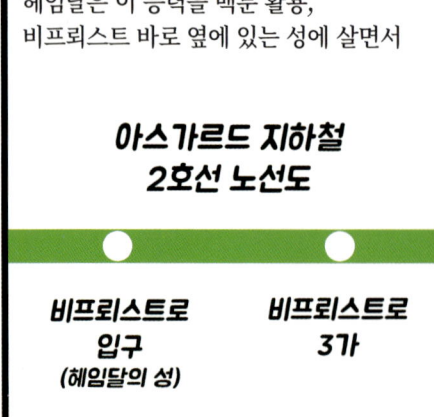

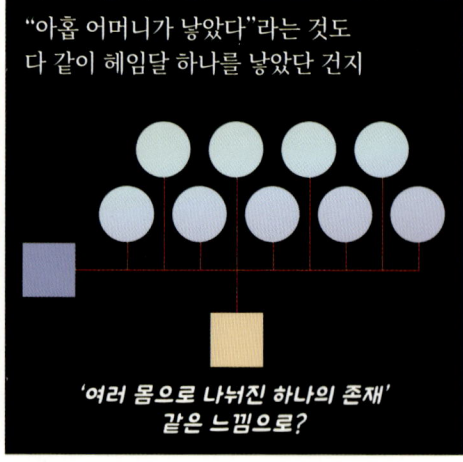

8 J. Lindow, *Norse Mythology: A Guide to the Gods, Heroes, Rituals, and Beliefs*: pg. 169

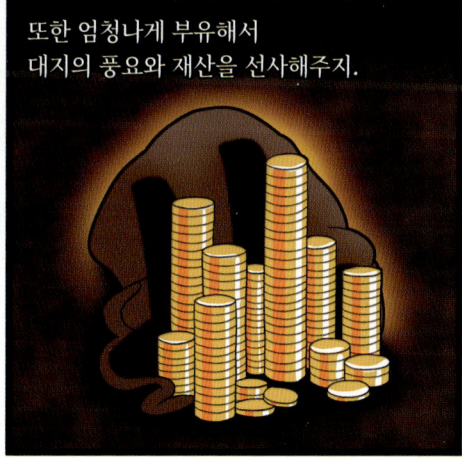

9 E. O. G. Turville-Petre, *Myth and Religion of the Norths*: pg. 152

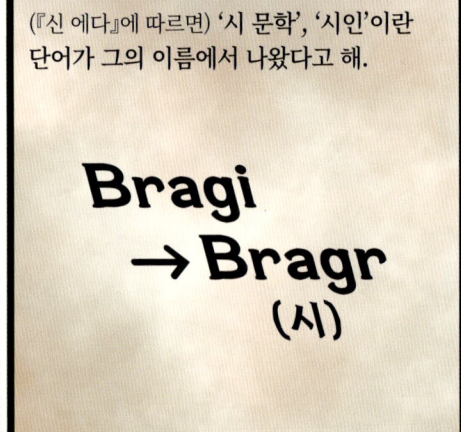

[10] R. Simek, *Dictionary of Northern Mythology*: pg. 42

11 R. Simek, *Dictionary of Northern Mythology*: pg. 43
12 E. O. G. Turville-Petre, *Myth and Religion of the Norths*: pg. 186
13 H. R. Ellis Davidson, *Gods and Myths of Northern Europe*: pg. 164

마침내…!!

어이 로씨
당신 차례야

제10장

로키, 교활하고 사악한 신

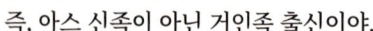
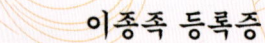

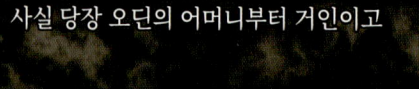

1 E. O. G. Turville-Petre, *Myth and Religion of the Norths*: pg. 144
2 J. Lindow, *Norse Mythology: A Guide to the Gods, Heroes, Rituals, and Beliefs*: pg. 216

3 H. R. Ellis Davidson, *Gods and Myths of Northern Europe*: pg. 176
4 R. Simek, *Dictionary of Northern Mythology*: pg. 195

5 J. Grimm, *Teutonic Mythology-1*: chapter. 12
6 H. R. Ellis Davidson, *Gods and Myths of Northern Europe*: pg. 180
7 E. O. G. Turville-Petre, *Myth and Religion of the Norths*: pg. 143
8 R. Simek, *Dictionary of Northern Mythology*: pgs. 195, 196

9 N. Price, *The Viking Way*: pg. 44

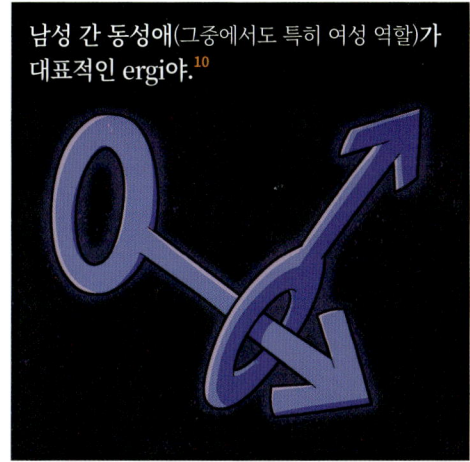

10 N. Price, *The Viking Way*: pgs. 44, 135
11 *Bjarnar saga Hítdœlakappa*: chapter. 17

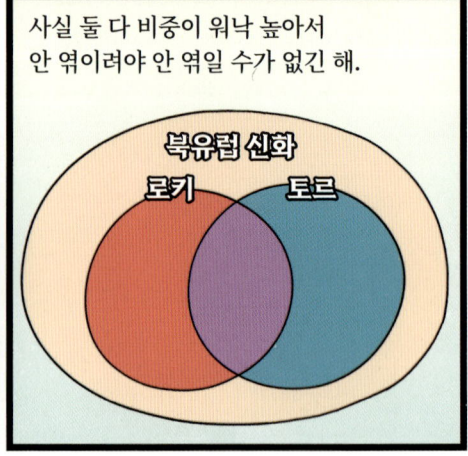

12 E. O. G. Turville-Petre, *Myth and Religion of the Norths*: pg. 146
13 R. Simek, *Dictionary of Northern Mythology*: pg. 196

국어사전
트릭스터 trickster

명사
1. 사회 일반
   문화 인류학에서, 도덕과 관습을 무시하고 사회 질서를 어지럽히는 신화 속의 인물이나 동물 따위를 이르는 말.

14 R. Simek, *Dictionary of Northern Mythology*: pg. 196

제11장

신들의 전쟁

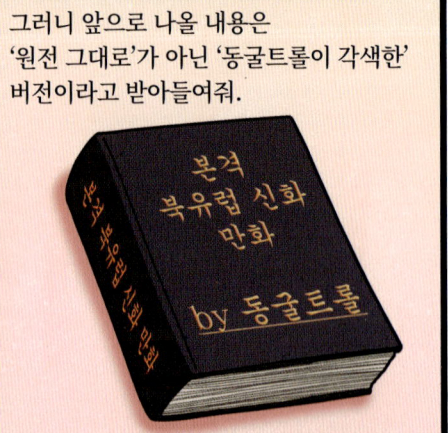

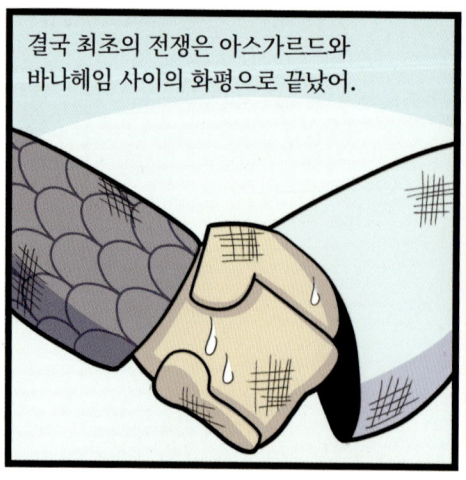

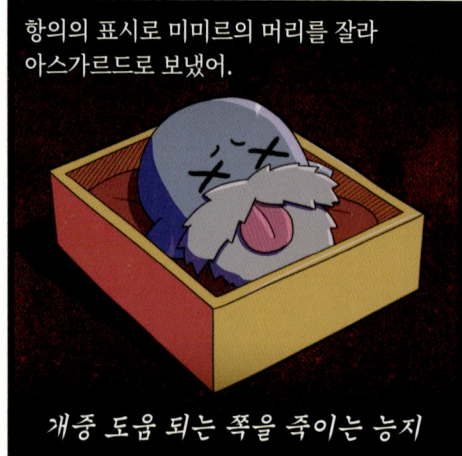

[1] R. Simek, *Dictionary of Northern Mythology*: pg. 123

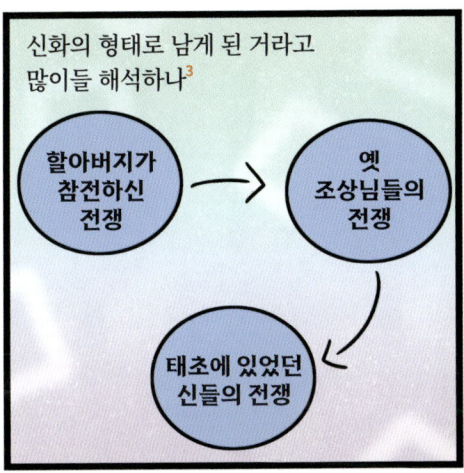

[2] E. O. G. Turville-Petre, *Myth and Religion of the Norths*: pg. 159
[3] H. R. Ellis Davidson, *Gods and Myths of Northern Europe*: pg. 167
[4] E. O. G. Turville-Petre, *Myth and Religion of the Norths*: pg. 160
[5] J. Lindow, *Norse Mythology: A Guide to the Gods, Heroes, Rituals, and Beliefs*: pg. 53

제12장

시의 꿀술

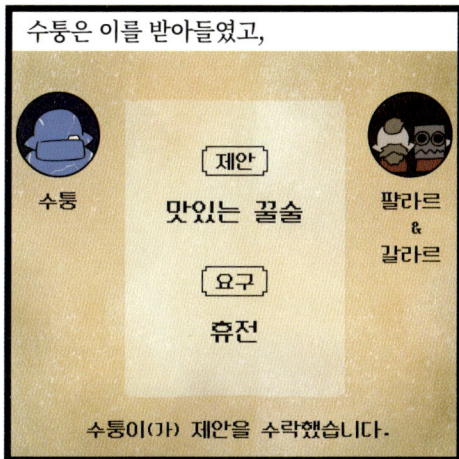

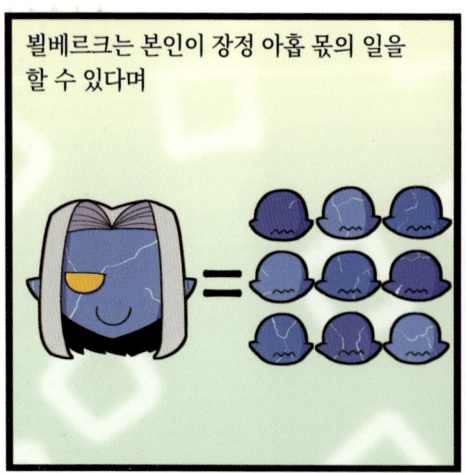

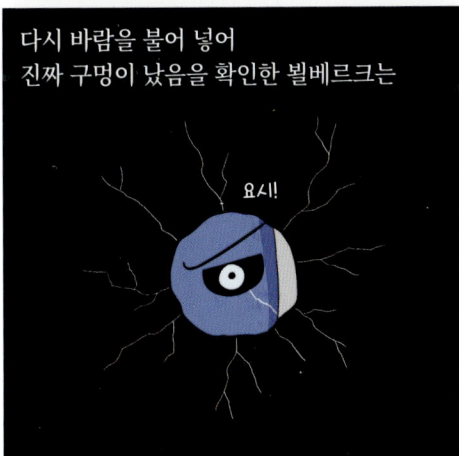

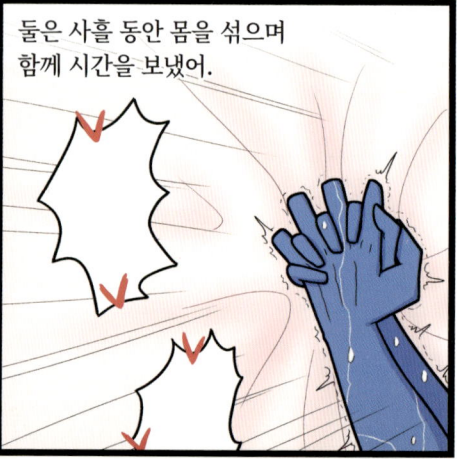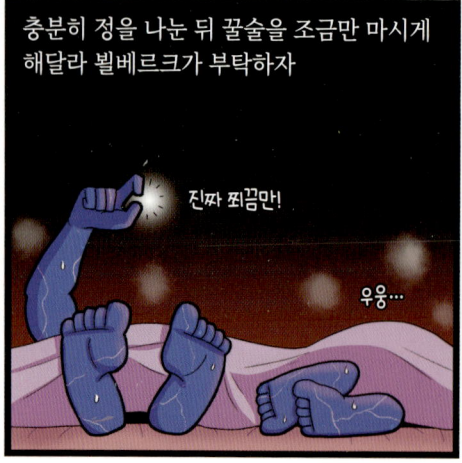

제13장

신들의 보물

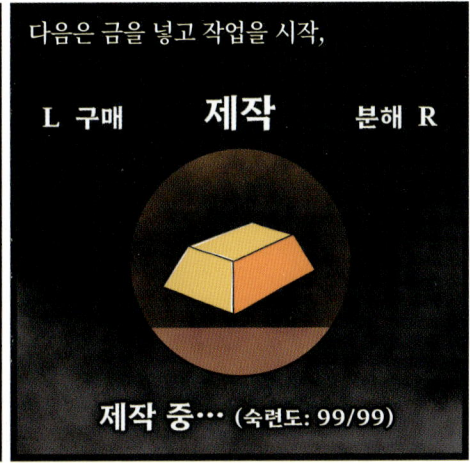

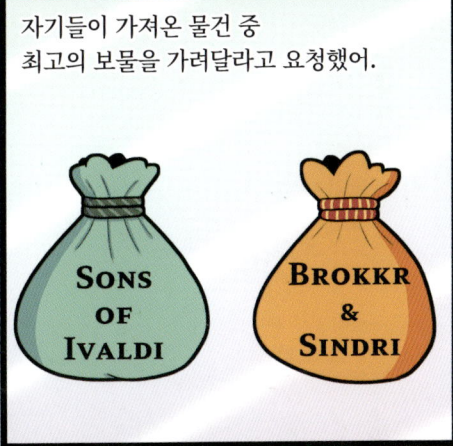

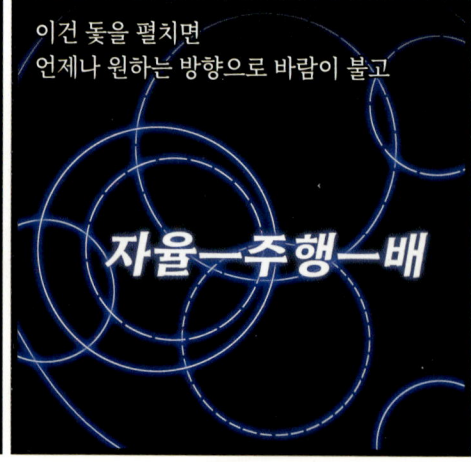

제14장

아스가르드 성벽 짓기

전쟁도 끝나고 보물도 얻은 신들이었지만 아직 한 가지 문제가 남아 있었으니

To Do List
- ✅ 종전
- ✅ 보물 획득
- ✅ 저녁 장보기
- ✅ 개 산책
- ✅ 든파 일퀘 돌리기

바로 전쟁 중 박살 난 아스가르드의 성벽이었어.

이걸 그대로 두자니 거인들이 쳐들어올까 무섭고

그렇다고 손을 대자니 할 일이 너무 많아 막막하던 차에

신들이 얼마나 바쁜데 그런 하찮은 일을

석공 한 명이 신들을 찾아왔지.

어이구~ 처음 뵙겠습다~

그는 1년 반 만에 아스가르드를 지킬 완벽한 성벽을 지어줄 테니

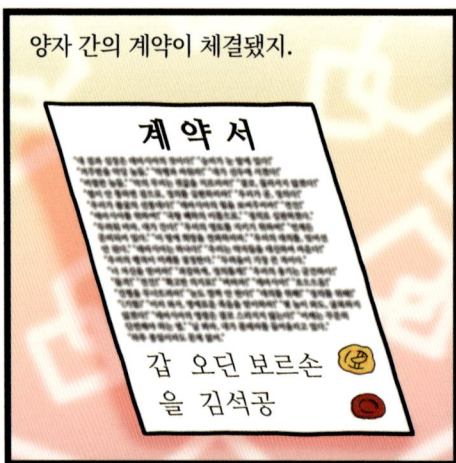

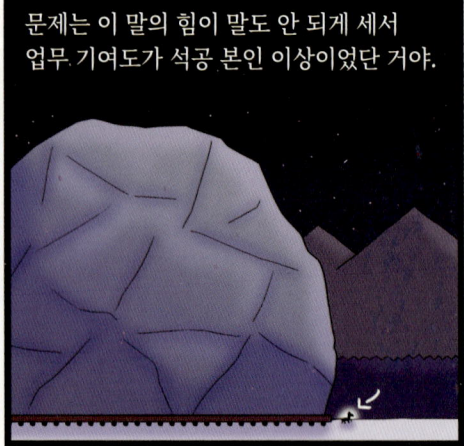

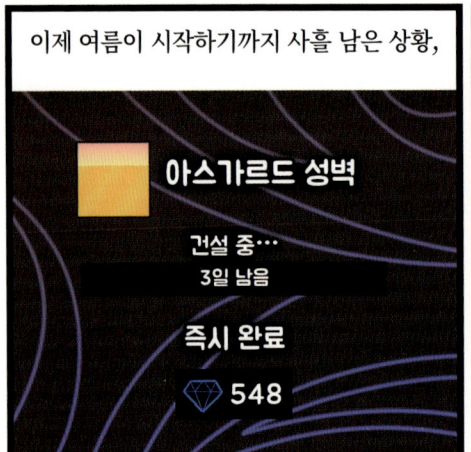

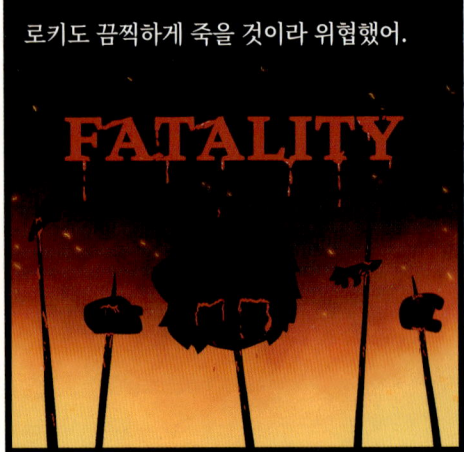

제15장

헤임달과 인간의 계급

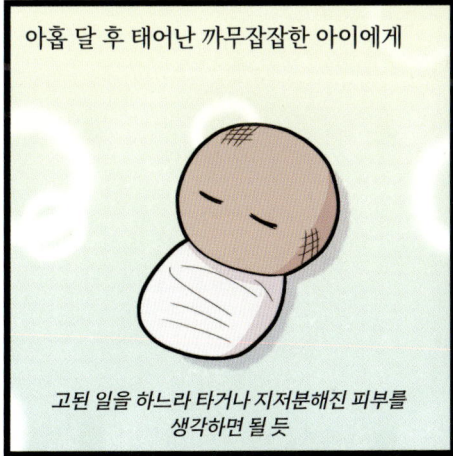

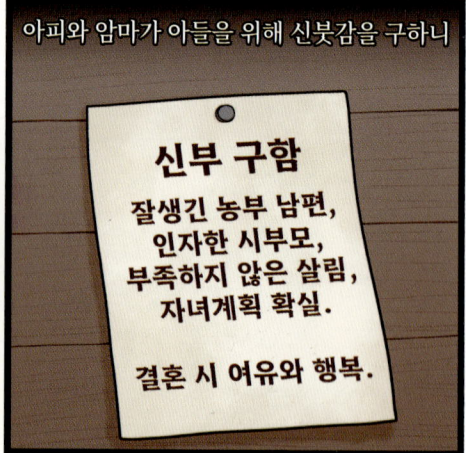

'스뇌르(며느리)'라 하는 여성이 염소가죽 옷을 입고 열쇠를 챙겨 찾아왔대.

이 부부도 트랄네처럼 수많은 자식을 낳은 건 같지만 이름부터 천민들과는 아주 달랐어.

아들들의 이름은
남자다운, 용감한, 대장장이, 튼튼한, 농부 등등

딸들의 이름은
똑똑한, 신부, 백조, 아가씨, 명랑한 등등

Jackson Crawford 번역 기준

예상했겠지만 이들의 후손이 평민 계급이야.

한편 리그는 마지막으로 화려한 궁궐에 도착했는데

바이킹 양식 아닌 거 압니다 예

안에 들어가보니 바닥부터 짚으로 만든 카펫이 깔려 있고

'파디르(아버지)'와 '모디르(어머니)'라는 젊은 부부가 손을 맞잡고 있었지.

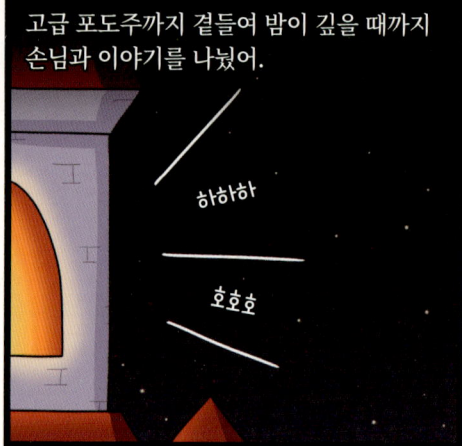

1 R. Simek, *Dictionary of Northern Mythology*: pg. 265

제16장

오딘의 지혜 겨루기

1 수수께끼를 내는 자(Riddle-Weaver), 강하게 얽는 자(The Mighty Entangling One)

2 훌륭한 조언자(Good Adviser)

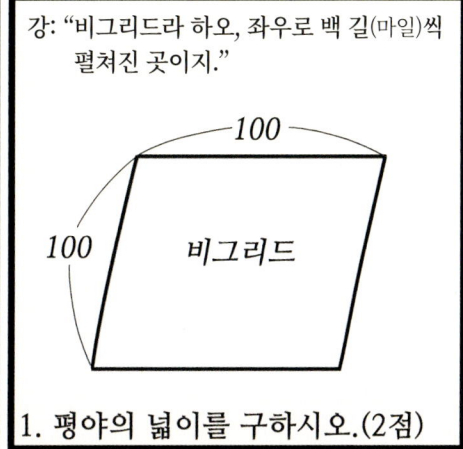

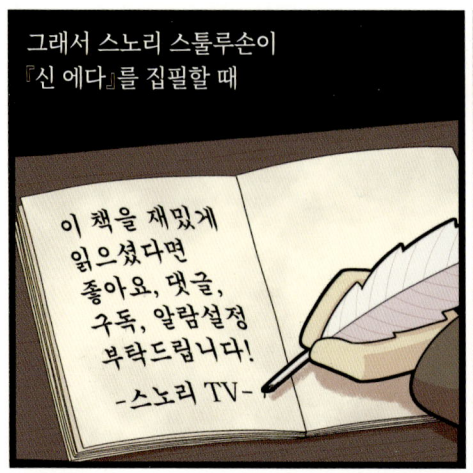

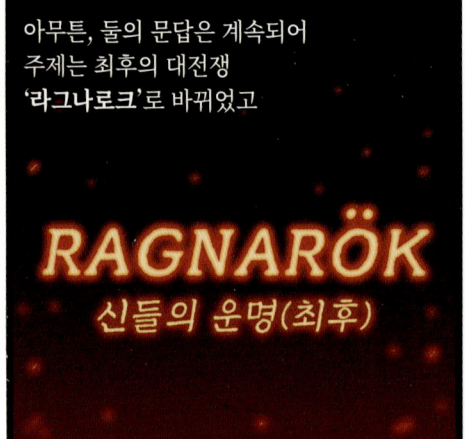

3 R. Simek, *Dictionary of Northern Mythology*: pg. 345

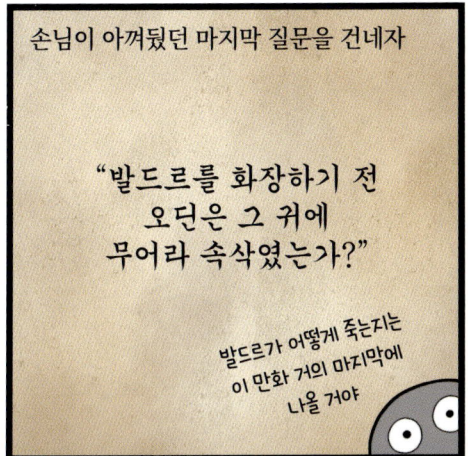

제17장

토르와 게이뢰드

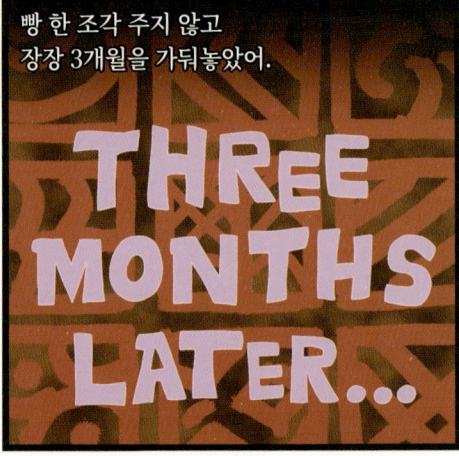

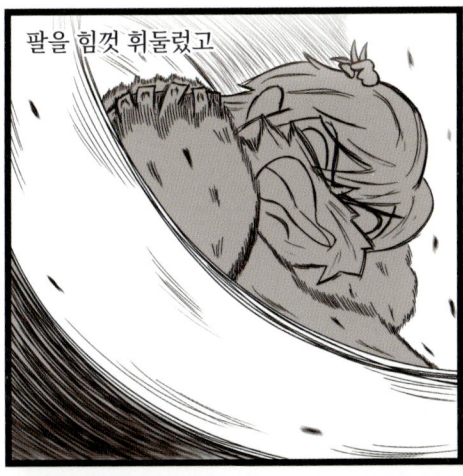

제18장

도둑맞은 황금 사과

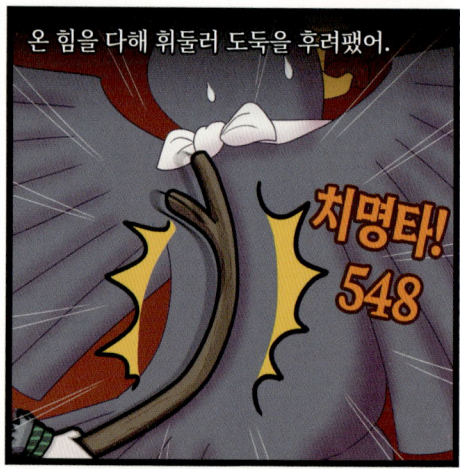

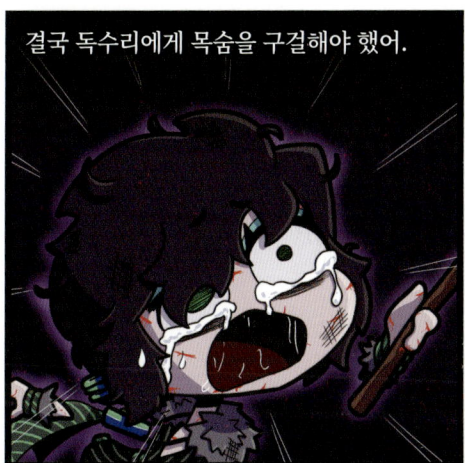

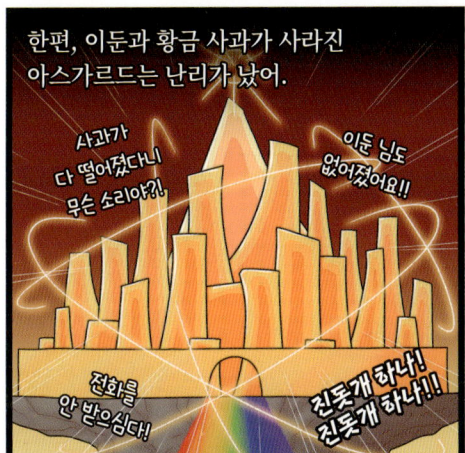

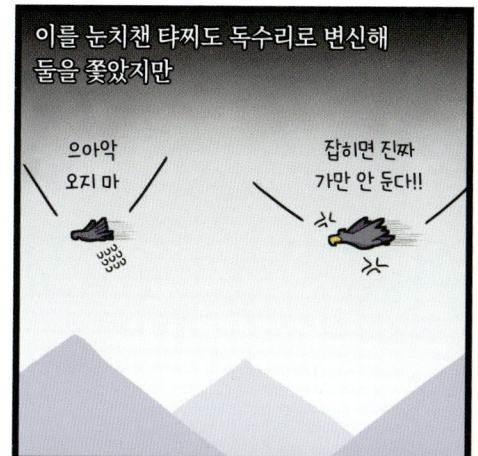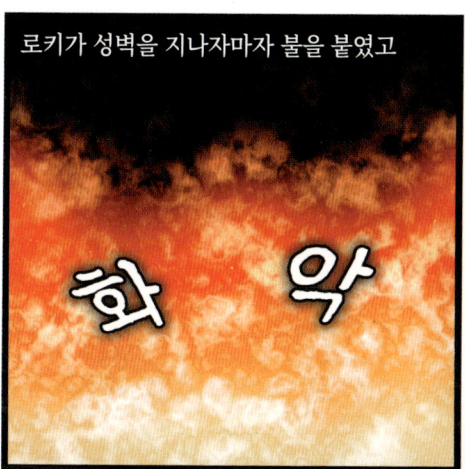

제19장

스카디의 결혼

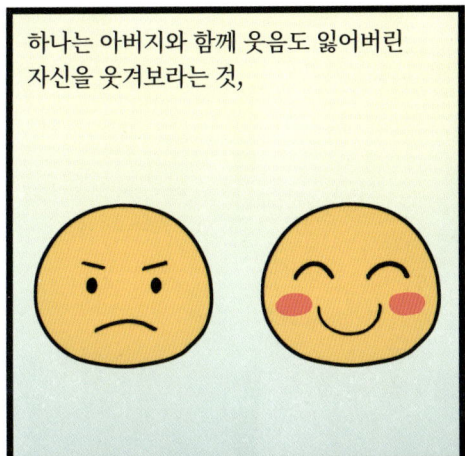

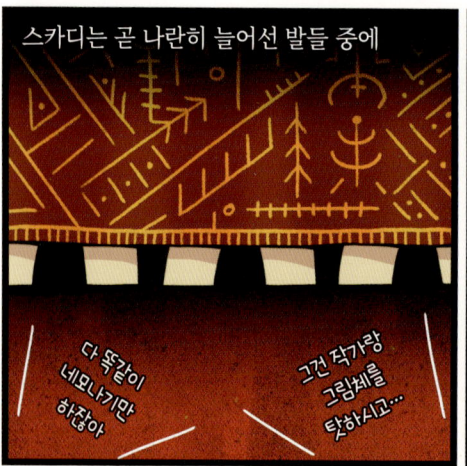
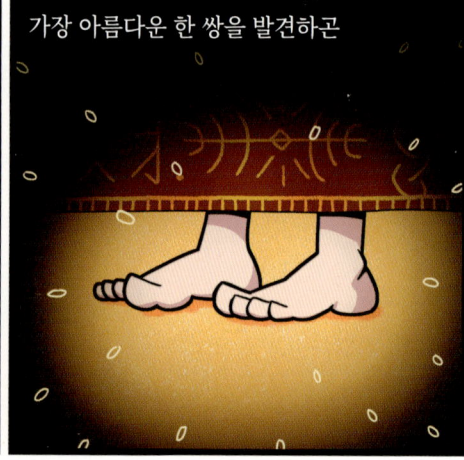

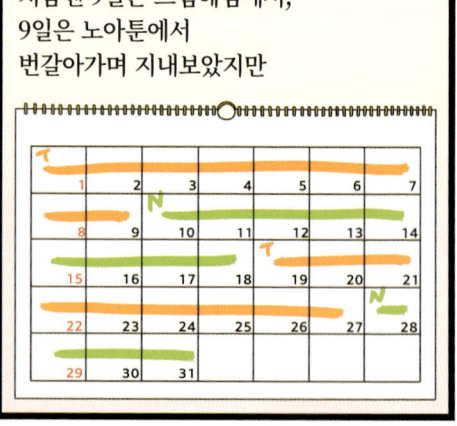

[1] R. Simek, *Dictionary of Northern Mythology:* pg. 286

스카디는
내 취향을 듬뿍 담은
캐릭터!

 역안

 푸른 피부

 근육

 복근!!

제20장

토르와 난쟁이 알비스

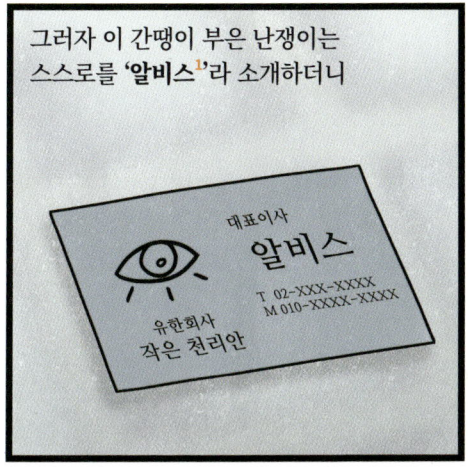

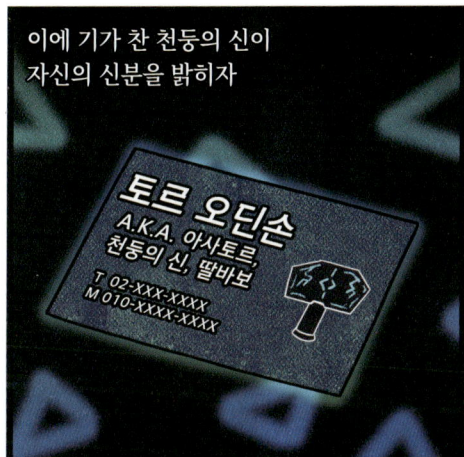

1 모든 것을 아는 자(All-Wise, the Omniscient One)

제21장

로키의 세 아이

둘째가 뱀 '요르문간드',

그리고 셋째가 몸의 절반은 썩은 시체고 절반은 살아 있는 여자 '헬'이야.

셋은 부모인 로키와 앙그르보다에겐 눈에 넣어도 아프지 않을 이쁜 아이들이어도

다른 사람이 보기엔 괴물일 뿐이었지.

으악 저건 뭐야   우욱

머잖아 세 남매의 존재를 아스가르드에서도 알게 됐는데

ⓘ 헤드라인 뉴스

[속보] 로키, 요툰헤임에 혼외자 셋 있는 것으로 밝혀져
아스가르드 일보

시귄, 눈물 흘리며 "솔직히 놀랍진 않아"
鳥, "철저히 조사할 것" 입장 발표에 내로남불 논란
토르, "내 알빠냐… 묻지 마라" 기자단 위협

99개의 관련뉴스 더 보기 >

어미인 앙그르보다가 거인이란 사실도 문제지만

등등…

어머니가 거인인 신들 목록

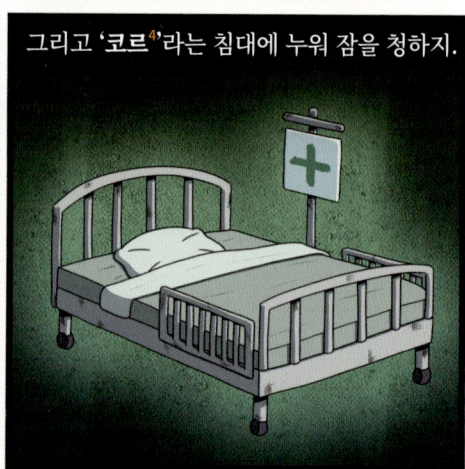

1 축축한 곳(The Damp Place) 2 느림보(The Slow One)
3 게으름뱅이(The Lazy One) 4 병상(Sickbed, Illness)

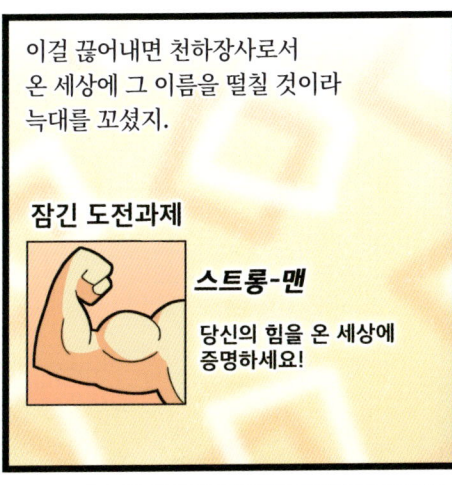

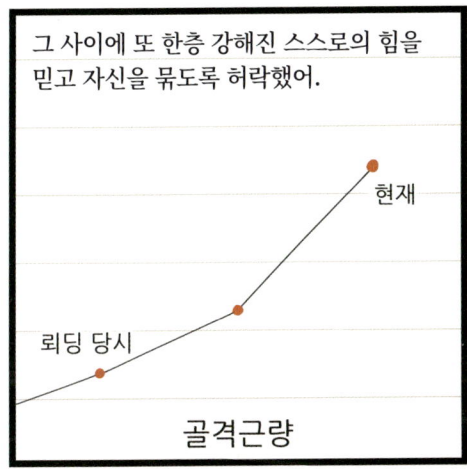

신들은 얼른 펜리르를 불러다 뢰딩, 드로미 때와 같은 내기를 하자 제안했어.

"진짜 저번보다 훨씬 강한 거로 준비해왔으니까 접속하셈"

"ㅋㅋㅋㅋㅋㅋ"

"ㅇㅋ 밥 먹고 감"

허나 여태 가져왔던 사슬들과는 전혀 다른, 가볍고 하늘하늘한 글레이프니르를 본 늑대는

"뭐여 이건"

이게 뭔가 마법으로 수작을 부려놓은 물건임을 직감하곤

신들의 제안을 거절했지.

"이런 걸 끊어봤자 강하단 증거가 되겠냐… 됐네요 됐어"

"대놓고 사기 칠라 하네 이 시끼들"

이에 당황한 신들이 그를 한참 동안 어르고 달래자

"아 노잼!"
"아니 펜 선생 그러지 마시고…"
"오늘 오려고 연차도 썼는데"
"이게 진짜 보기보다 튼튼해요!"
"저희 애가 펜리르 님 팬임다!"

로키의 아들은 마지못해 내기를 받아들이며

"아 알았어! 그만 찡찡대"

"왜! 역시 생남자!"
"넘모 멋있으시다!"

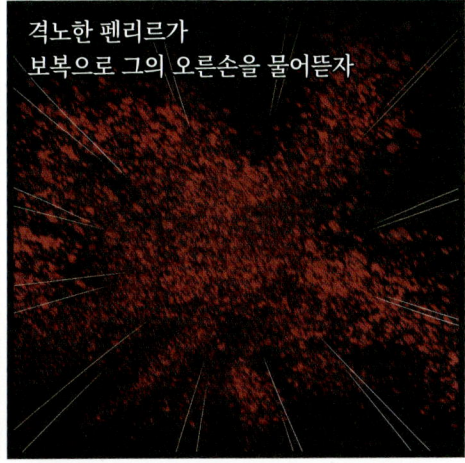

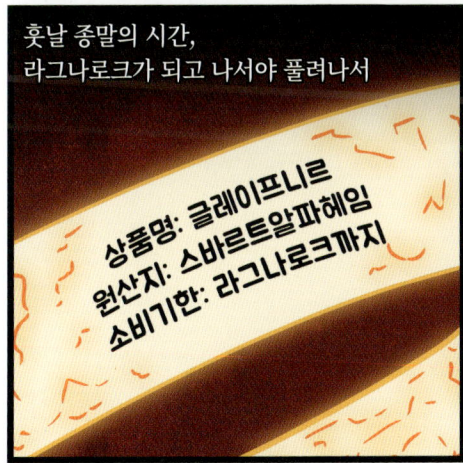

제22장

프리그와 랑고바르드족

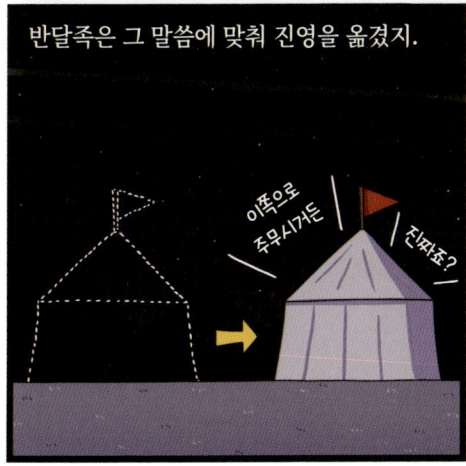

아니아니아니아니, 내가 속은 게 아니라
다 알면서 마누라 기 살려주려고 한 거지!

어차피? 박달존 내 알 바 아니고?
꼭 걔네 이기게 해주겠다고 한 거도 아니었고??
막 자고 일어났던 거라 정신도 없었고???
아무튼 에인헤레르 잔뜩 얻었으니 개이득이고??

할배요
헛바닥이 깁니다

제23장

프레야와 힌들라

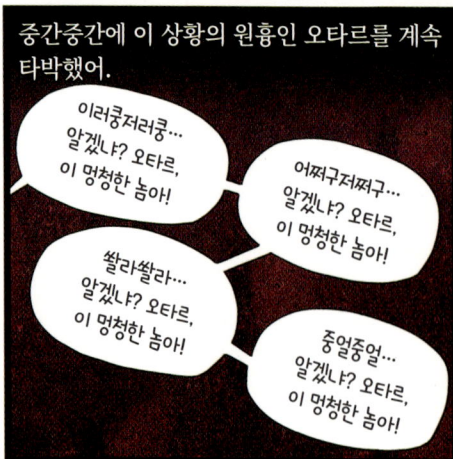

제24장

토르의 우트가르드 여행

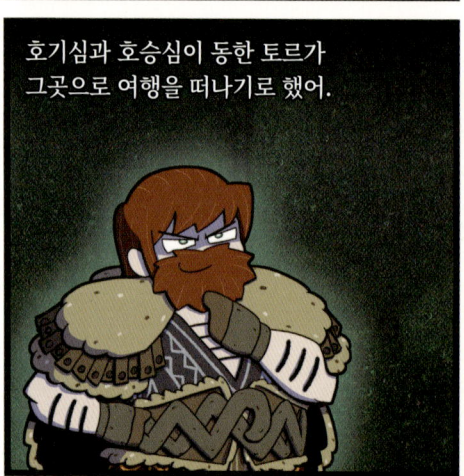

1 바깥 세상(The Outer World, Area Outside)

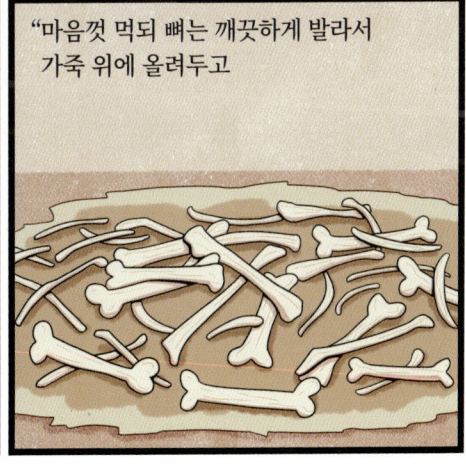

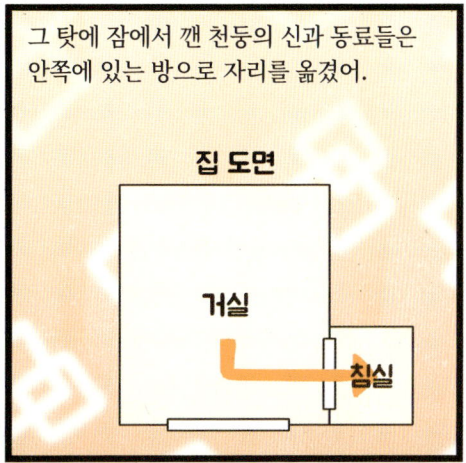

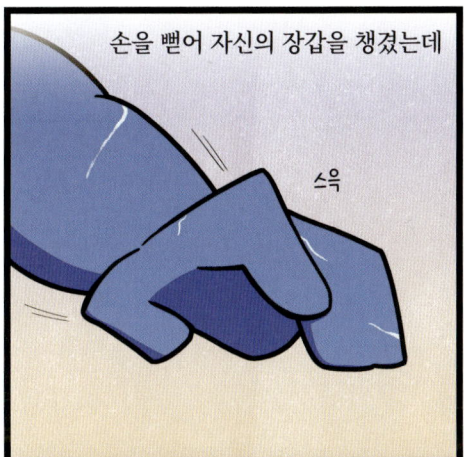
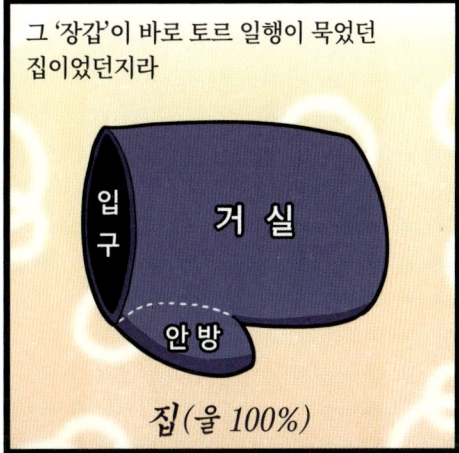

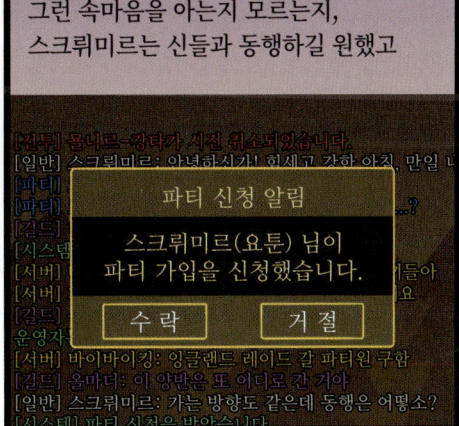

2 허풍선이(Booster)

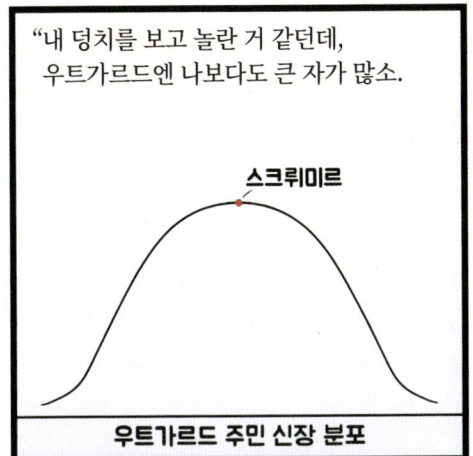

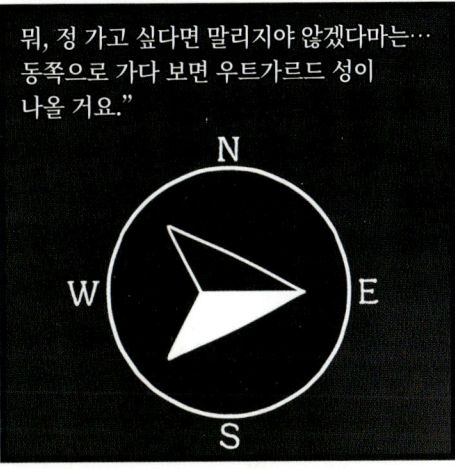

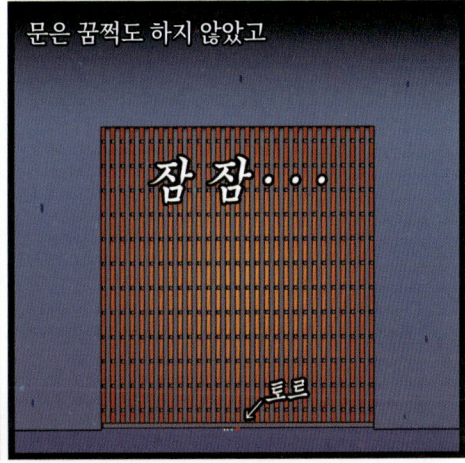

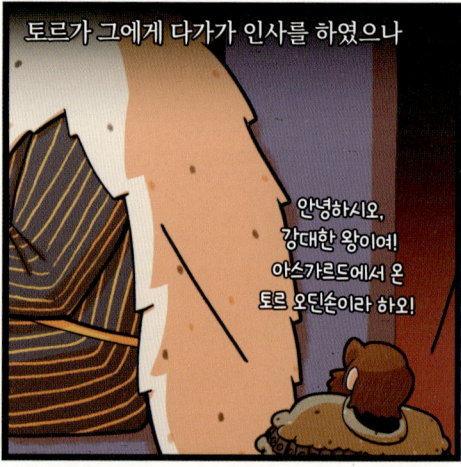
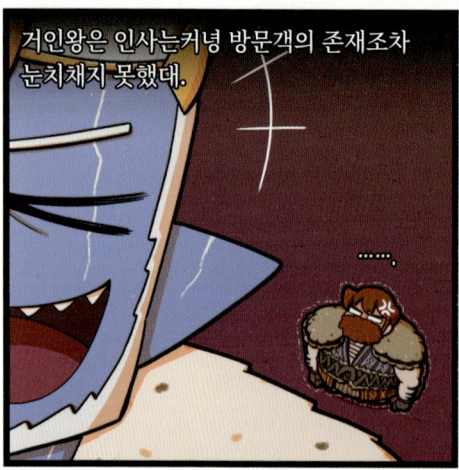

3 우트가르드의 로키(Loki of the Utgard)

4 전차를 타고 다니는 토르(Thor the Charioteer)

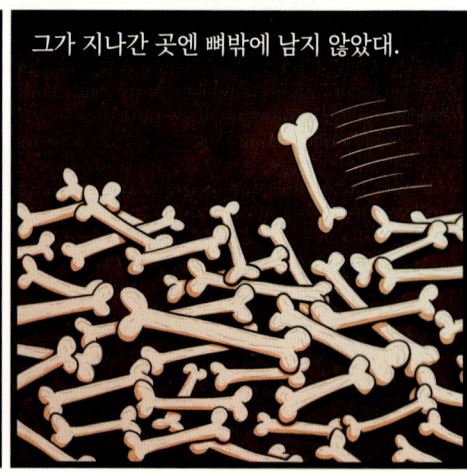

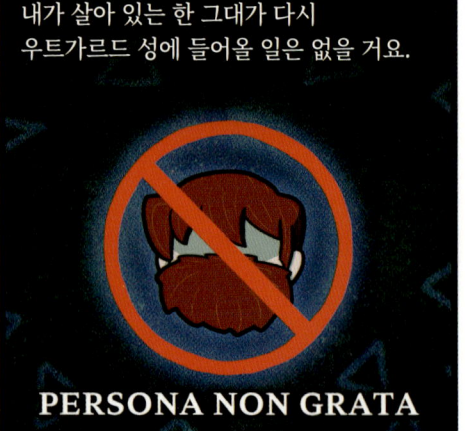

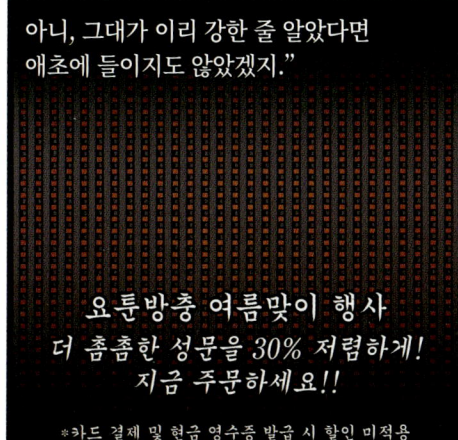

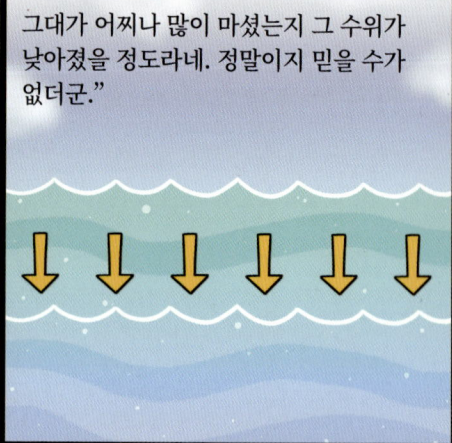

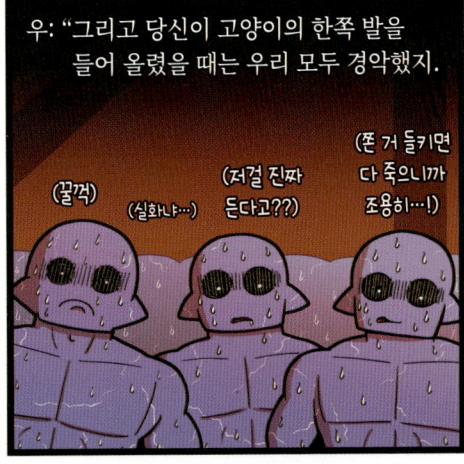

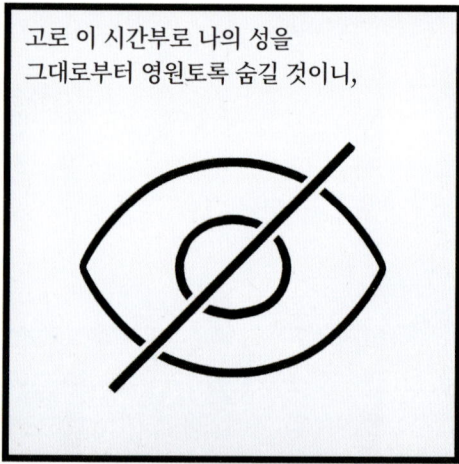

1권 장별 참고문헌

참고문헌에 기재한 『구 에다』는 『에다』(임한순·최윤영·김길웅 역, 서울대학교출판문화원)에서 번역한 소제목을, 『신 에다』는 『에다 이야기』(스노리 스툴루손 저, 이민용 역, 을유문화사)에서 번역한 소제목을 기준으로 하였습니다. 단, 고유명사의 경우 본문의 표기를 따랐습니다. 국내에 번역되지 않은 그 외 참고문헌은 원제 또는 직역으로 기재하였습니다.

제1장 천지창조
『신 에다』, 「귈피의 홀림」: 4-9, 13-15, 34

제2장 낮과 밤, 해와 달
『신 에다』, 「귈피의 홀림」: 10-12, 51

제3장 아홉 세계
『신 에다』, 「귈피의 홀림」: 14, 17, 23, 34

제4장 세계수 위그드라실
『구 에다』, 「그림니르의 노래」: 31
『신 에다』, 「귈피의 홀림」: 4, 15-17, 51-52

제5장 오딘, 만물의 아버지
『구 에다』, 「지존자의 노래」: 139-141, 148, 162
『구 에다』, 「에기르의 주연」: 22
『구 에다』, 「하르바르드의 노래」: 24
『신 에다』, 「귈피의 홀림」: 9, 15, 20, 36, 38-42
『신 에다』, 「스칼드의 시 창작법」: 33
스노리 스툴루손, 「윙글링 일족의 사가」: 6, 7

제6장 토르, 천둥의 신
『구 에다』, 「예언녀의 계시」: 30
『구 에다』, 「하르바르드의 노래」: 24, 56
『신 에다』, 「귈피의 홀림」: 9, 10, 21
『신 에다』, 「스칼드의 시 창작법」: 35
스노리 스툴루손, 「윙글링 일족의 사가」: 6

제7장 프레야, 아름다운 풍요의 여신
『구 에다』, 「에기르의 주연」: 30, 32
『구 에다』, 「힌들라의 노래」: 6-7, 10
『신 에다』, 「귈피의 홀림」: 23-24, 35
『신 에다』, 「스칼드의 시 창작법」: 37
스노리 스툴루손, 「윙글링 일족의 사가」: 4
Jon Thordson & Magnus Thorhalson, *Sörla báttr*

제8장 프레이, 고귀한 풍요의 신
『구 에다』, 「그림니르의 노래」: 5
『신 에다』, 「귈피의 홀림」: 24
『신 에다』, 「스칼드의 시 창작법」: 7

제9장 다른 신들
『구 에다』, 「에기르의 주연」: 29, 38
『구 에다』, 「히미르의 노래」: 11
『구 에다』, 「힌들라의 노래」: 34, 35
『구 에다』, 「스키니르의 노래」: 19
「볼숭 일족의 사가」: 챕터 2
『신 에다』, 「귈피의 홀림」: 9, 22-27, 32, 35, 51
『신 에다』, 「스칼드의 시 창작법」: 8-10, 19, 20, 33
스노리 스툴루손, 「윙글링 일족의 사가」: 4

제10장 로키, 교활하고 사악한 신
『구 에다』, 「에기르의 주연」: 9
『신 에다』, 「귈피의 홀림」: 33, 42, 49-51

『신 에다』, 「스칼드의 시 창작법」: 8

제11장 신들의 전쟁
『구 에다』, 「예언녀의 계시」: 25, 28
스노리 스툴루손, 「윙글링 일족의 사가」: 4

제12장 시의 꿀술
『신 에다』, 「스칼드의 시 창작법」: 1

제13장 신들의 보물
『신 에다』, 「스칼드의 시 창작법」: 33

제14장 아스가르드 성벽 짓기
『신 에다』, 「귈피의 호림」: 42

제15장 헤임달과 인간의 계급
『구 에다』, 「예언녀의 계시」: 1
『구 에다』, 「리그의 노래」

제16장 오딘의 지혜 겨루기
『구 에다』, 「바프트루드니르의 노래」

제17장 토르와 게이뢰드
『신 에다』, 「스칼드의 시 창작법」: 18

제18장 도둑맞은 황금 사과
『신 에다』, 「스칼드의 시 창작법」: 1

제19장 스카디의 결혼
『신 에다』, 「귈피의 호림」: 23
『신 에다』, 「스칼드의 시 창작법」: 1
스노리 스툴루손, 「윙글링 일족의 사가」: 8

제20장 토르와 난쟁이 알비스
『구 에다』, 「알비스의 노래」
『신 에다』, 「스칼드의 시 창작법」: 4

제21장 로키의 세 아이
『구 에다』, 「에기르의 주연」: Pr, 10
『신 에다』, 「귈피의 호림」: 34, 50
『신 에다』, 「스칼드의 시 창작법」: 1

제22장 프리그와 랑고바르드족
Paulus Diaconus, *History of the Lombards: Historia Langobardorum*

제23화 프레야와 힌들라
『구 에다』, 「힌들라의 노래」

제24화 토르의 우트가르드 여행
『신 에다』, 「귈피의 호림」: 44-47

본격 북유럽 신화 만화 I

동굴트롤 글·그림

초판 1쇄 발행일 2025년 6월 2일

발행인 | 한상준
편집 | 김민정·손지원·최정휴·김영범
디자인 | 김경희
마케팅 | 이상민·주영상
관리 | 양은진

발행처 | 비아북(ViaBook Publisher)
출판등록 | 제313-2007-218호(2007년 11월 2일)
주소 | 서울시 마포구 토정로 222 한국출판콘텐츠센터 211호
전화 | 02-334-6123 전자우편 | crm@viabook.kr 홈페이지 | viabook.kr

ⓒ동굴트롤, 2025
ISBN 979-11-94348-22-1 07210

- 이 책은 저작권법에 따라 보호받는 저작물이므로 무단 전재와 복제를 금합니다.
- 이 책의 전부 혹은 일부를 이용하려면 저작권자와 비아북의 동의를 받아야 합니다.
- 잘못된 책은 구입처에서 바꿔드립니다.